W0012398

Fischer TaschenBibliothek

Alle Titel im Taschenformat finden Sie unter:
www.fischer-taschenbibliothek.de

Bestsellerautor Jörg Maurer spürt dem Geheimnis von Weihnachten nach. Er entdeckt Alpenländisches und Globales, schräge Bräuche und erstaunliche Lieder, Heilige Nächte und profane Fakten, besinnliche Verbrechen und zwielichtige Evangelisten. Ist das frohe Fest womöglich eine höchst neblige Mischveranstaltung, basierend auf unklaren Quellenlagen, ungesicherten Eckdaten und kaum zu haltenden Annahmen? Mit Jörg Maurer ist der Mythos ein Geschenk!

Weitere Titel von Jörg Maurer:
›Föhnlage‹, ›Hochsaison‹, ›Niedertracht‹, ›Oberwasser‹, ›Unterholz‹, ›Felsenfest‹, ›Der Tod greift nicht daneben‹, ›Schwindelfrei ist nur der Tod‹, ›Im Grab schaust du nach oben‹, ›Am Abgrund lässt man gern den Vortritt‹, ›Im Schnee wird nur dem Tod nicht kalt‹ sowie ›Bayern für die Hosentasche: Was Reiseführer verschweigen‹
Die Webseite des Autors: *www.joergmaurer.de*

Bestseller-Autor *Jörg Maurer* stammt aus Garmisch-Partenkirchen. Er studierte Germanistik, Anglistik, Theaterwissenschaften und Philosophie und wurde als Autor und Kabarettist mehrfach ausgezeichnet, u. a. mit dem Kabarettpreis der Stadt München, dem Agatha-Christie-Krimi-Preis, dem Ernst-Hoferichter-Preis, dem Publikumskrimipreis MIMI und dem Radio-Bremen-Krimipreis.

Weitere Informationen finden Sie auf www.fischerverlage.de

JÖRG MAURER

Stille Nacht
allerseits

Was Sie von Weihnachten
nie gedacht hätten

FISCHER TaschenBibliothek

Originalausgabe

Erschienen bei FISCHER Taschenbuch
Frankfurt am Main, November 2018

© 2017 S. Fischer Verlag GmbH,
Hedderichstr. 114, D-60596 Frankfurt am Main

Der Abdruck des Gedichts »ernst jandls weihnachtslied« erfolgt
mit freundlicher Genehmigung des Luchterhand Verlags.
Ernst Jandl, Werke in 6 Bänden (Neuausgabe), hrsg. von
Klaus Siblewski © 2016 Luchterhand Literaturverlag,
München, in der Verlagsgruppe Random House GmbH

Umschlaggestaltung: www.buerosued.de
Umschlagabbildung: Greser & Lenz
Satz: Dörlemann Satz, Lemförde
Druck und Bindung: CPI books GmbH, Leck
Printed in Germany
ISBN 978-3-596-52144-9

Liebe Außerirdische,

ihr wollt etwas über die menschliche Kultur erfahren? Prima. Und ihr fangt gleich mal mit den Weihnachtsmythen, Heiligabendbräuchen und Glühweinzutaten an? Guter Plan! Schön finde ich auch, dass ihr ausgerechnet auf mein bescheidenes Weihnachtsbüchlein gestoßen seid. Liebe fremde Lebensformen, wo ihr auch immer sitzt und wie ihr auch immer aussieht, so viel will ich euch gleich verraten: Es gibt noch einige andere Bücher über Weihnachten. Tausende. Millionen. Fast jeder in unserer menschlichen Zivilisation, der halbwegs schreiben kann, hat sich in einem Buch dazu geäußert. Ein gewisser Markus war der Erste, seine Geschichte wurde der Bestseller der Antike, und dann ging es zweitausend Jahre lang Schlag auf Schlag. Ein Ende ist nicht abzusehen, denn gerade das Internet-Zeitalter hat den X-mas-Hype wieder in Schwung gebracht, nachdem das beschauliche Fest in den Siebzigern und Achtzigern des vorigen Jahrhunderts in schweren Spießerverdacht geraten war.

Liebe fremde Lebensformen, hofft bitte nicht darauf, den Mythos Weihnachten durch die Lektüre dieses

Büchleins voll und ganz zu verstehen. Weihnachten ist nicht dazu da, um es zu verstehen. Das wäre geradezu das Ende von Weihnachten. Andersrum wird ein plätzchengefüllter Stiefel draus: Das Unerklärliche und Nebulöse ist ihm eigen, wie der Sonnenbrand und das Erdbeereis dem Juni.

Viel Spaß beim Erforschen, Verirren und Entdecken!

Evangelisten im Nebel

O Weihnacht! Weihnacht!
Höchste Feier!
Wir fassen ihre Wonne nicht,
sie hüllt in ihre heil'gen Schleier
das seligste Geheimnis dicht.

(Nikolaus Lenau, 1802–1850)

Der Mensch liebt ihn nun mal, den undurchdringlichen Nebel. Im Fall von Christi Geburt gehen die geheimnisvollen Unbestimmtheiten schon mit den ersten Aufzeichnungen los. Das bekannte Weihnachtsevangelium von Lukas beginnt mit den oft rezitierten Worten:

>»Es begab sich aber zu der Zeit, dass ein Gebot von dem Kaiser Augustus ausging …«

Aber kann man Lukas' Aufzeichnungen über den Weg trauen? Er ist der unbelegteste Kandidat in dem ohnehin schon schemenhaften Evangelisten-Quartett. Seine Biographie ist so löchrig wie die Bretterwand des Stalls von Bethlehem. Der Eintrag im Heiligenlexikon lautet dementsprechend:

Lukas (vielleicht auch Lucanus), zweiter (nach anderen Forschungen: dritter) Evangelist, hatte vermutlich griechische Wurzeln, sein Geburtsort soll Antiocha in Syrien (heute Antakya in der Türkei) gewesen sein. Man nimmt an, dass er zwischen 10 v. Chr. und 15 n. Chr. geboren wurde, die Identität mit dem Begleiter von Paulus gleichen Namens ist umstritten. Eine Legende erzählt, dass er um 80 n. Chr. in Theben gestorben ist, er war vermutlich Arzt, einige medizinische Fachausdrücke sprechen dafür. Sein Märtyrertod ist ungesichert, wird jedoch immer wieder gern beschrieben.

Oder, in griffig-nebeliger Kurzform:

Lukas (Lucanus?), zweiter (dritter?) Evangelist von griech. (?), cypr. (??) oder indischer (???) Abstammung. Arzt (?), Begleiter von Paulus (??). Geb. zw. 10 v. Chr. und 15 n. Chr. in Antiocha (?), gest. um 80 n. Chr. im ägypt. Theben (?) als Märtyrer (?).

Man sieht: Wenn ein Mythos dauerhaft sein soll, muss er wohl auf jeden Fall eine unklare Basis haben. Nur zum Vergleich der biographische Lexikoneintrag eines anderen Sinnstifters:

Karl Marx, geboren am 5. Mai 1818 um 2:00 Uhr in Trier, Stadtteil Mitte-Gartenfeld, Brückenstraße 10 (heute Karl-Marx-Straße), Querstraßen: Jüdemer-

straße und Lorenz-Kellner-Straße, als drittes Kind
des Anwaltes Heinrich Heschel ...

So funktioniert es eben nicht! Die Ideologie dieses
anderen Schwärmers musste ja zum Scheitern verurteilt sein! Denn je widersprüchlicher und unhalt-
barer die Grundlagen sind, desto weniger werden sie
in Frage gestellt. Gerade Phantastereien und steile
Thesen locken das Publikum an. Gewissenhafte historische Forschungen hingegen, die beispielsweise
zum Ergebnis kommen, dass Jesus nie in Bethlehem
gewesen sein kann und Weihnachten eigentlich im
Sommer gefeiert werden müsste, interessieren deshalb kaum jemanden. Die Antworten auf diese Fragen sind so enttäuschend, wie wenn man erfährt, wie
ein Zaubertrick funktioniert.

Vielleicht musste die vor zweitausend Jahren gültige
römische Staatsreligion auch deswegen der christlichen weichen. Zeus, Hera & Co. traten einfach zu
erkennbar menschlich auf. Jeder der Götter war für
einen klar abgegrenzten Bereich zuständig – wie
unmystisch. Sie hatten ihre Schwächen – wie unhe-
roisch. Hätten sich die griechisch-römischen Göt-
tervorstellungen in Mitteleuropa gehalten, würden
heutzutage Blitze statt Bergkreuzen auf den Gipfeln
blinken. Und statt der Kirchen hätten wir zugige Göt-
tertempel mit Bodenfliesen aus Blutwurstmarmor.

Die Weihnachtskrippen allerdings würden vielleicht ähnlich aussehen, denn die Parallelen zu Chr. Geburt sind durchaus auffällig: Zeus' Mutter Rhea (Ressort: Behaglichkeit, Fruchtbarkeit) bringt das Götterbaby Zeus in einer Höhle zur Welt, da es sein Vater Kronos (Ressort: Zeitmanagement) aufzufressen droht. Rhea gibt Kronos anstatt des Säuglings einen in eine Windel gewickelten Stein, den Kronos verschlingt. – Aber all das ist bekanntlich nicht so gelaufen, wir feiern nun mal unser christliches Weihnachten, diese neblige Mischveranstaltung, basierend auf unklaren Quellenlagen, ungesicherten Eckdaten und kaum zu haltenden Voraussetzungen. Herrlich!

Fakten, Fakten, Fakten

Trotzdem finden sich in all dem Nebel einige knallharte Fakten rund um Weihnachten:

* ☆ Das Stichwort ›Weihnachten‹ bringt bei Google 94 Millionen Ergebnisse, ›Ostern‹ lediglich 39 Millionen. Dabei ist doch eine Wiederauferstehung viel ungewöhnlicher als eine Geburt!
* ☆ In Somalia und Tadschikistan ist es aus religiösen Gründen gesetzlich verboten, Weihnachten zu feiern. In Brunei kann es sogar bis zu fünf Jahre Gefängnis für festliche Weihnachtsdekorationen und das Singen von Weihnachtsliedern geben.
* ☆ Die Geburt Jesu wird von der Forschung fast übereinstimmend zwischen 7 und 4 v. Chr. angesetzt. Wir leben demzufolge also schon über zweitausend Jahre in einem postfaktischen Zeitalter.
* ☆ In Puccinis Oper *La Bohème*, deren Handlung größtenteils am Heiligabend spielt, wird kein einziges Weihnachtslied gesungen.
* ☆ Der Verein Deutsche Sprache (VDS) hat den Begriff »X-mas« 2008 zum »überflüssigsten und nervigsten Wort des Jahres« gewählt. Der Anglizismus stehe »in Deutschland im krassen

Gegensatz zu allem, was man mit Weihnachten verbindet: Gemütlichkeit, deutsche Weihnachtstraditionen, Romantik, Christlichkeit«.

☆ »O Tannenbaum, o Tannenbaum, wie grün sind deine Blätter« war ursprünglich ein Liebeslied. Es begann mit den Zeilen »O Mägdelein, o Mägdelein, wie falsch ist dein Gemüte!«.

☆ Fußballfans merken sich die 4 Evangelisten folgendermaßen: **Lukas** Podolski, **Johannes** B. Kerner, **Markus** Babbel, Lothar **Matthäus**.

Im Kaufhaus

Und als Gott der Herr sah, dass alles gut war, da schuf er noch das Weihnachtsfest, um die Kaufleute zu erfreuen. Und er ging in einen Supermarkt, ergriff an einem Stand einen Schokoladen-Nikolaus und sprach: »Sehet die Früchte meiner Schöpfung!«

»Macht sechsdreißig«, sagte die Verkäuferin.

Gott der Herr legte ein paar reich verzierte Münzen auf den Kassentisch.

»Wollens mich verarschen?«

»Ich will ja jetzt nicht den Schöpfer raushängen lassen, aber ich habe dich geschaffen, mein Kind, ich habe den Kassentisch geschaffen, und ich könnte mir auch einen eigenen Schokoladen-Nikolaus schaffen. Also nimm die Münzen und seis zufrieden!«

»Herr Abteilungsleiter! Kommens! Schnell! Da ist einer wahrscheinlich wieder zu lang am Glühweinstand rumgehangen.«

»Gibt es Schwierigkeiten?«, fragte der Abteilungsleiter.

»Ja, der Herr wirft mir da Spielzeuggeld her und patzt an den Schoko-Nikoläusen rum.«

Der Abteilungsleiter betrachtete die Münzen, die auf dem Tisch lagen.

»Könnte ich Sie einen Moment alleine sprechen?«, flüsterte er dem Herrn zu.

»Ja, natürlich. Worum geht es?«

»Ich könnte Ihnen meine Seele verkaufen.«

»Ich glaube, Sie verwechseln mich da jetzt«, sprach Gott der Herr.

Die Wucht der Aufzählung

Zum Auftakt seines Weihnachtsevangeliums mutet uns der Evangelist Matthäus ein stattliches Verzeichnis der Vorfahren Jesu zu:

1 Dies ist das Buch von der Geburt Jesu Christi, der da ist ein Sohn Davids, des Sohnes Abrahams. 2 Abraham zeugte Isaak. Isaak zeugte Jakob. Jakob zeugte Juda und seine Brüder. 3 Juda zeugte Perez und Serah von Thamar. Perez zeugte Hezron. Hezron zeugte Ram. 4 Ram zeugte Amminadab. Amminadab zeugte Nahesson. Nahesson zeugte Salma. 5 Salma zeugte Boas von der Rahab. Boas zeugte Obed von der Ruth. Obed zeugte Jesse. 6 Jesse zeugte den König David. Der König David zeugte Salomo von dem Weib des Uria. 7 Salomo zeugte Rehabeam. Rehabeam zeugte Abia. Abia zeugte Asa. 8 Asa zeugte Josaphat. Josaphat zeugte Joram. Joram zeugte Usia. 9 Usia zeugte Jotham. Jotham zeugte Ahas. Ahas zeugte Hiskia. 10 Hiskia zeugte Manasse. Manasse zeugte Amon. Amon zeugte Josia. 11 Josia zeugte Jechonja und seine Brüder um die Zeit der babylonischen Gefangenschaft. 12 Nach der babylonischen Gefangenschaft zeugte Jechonja Sealthiel. Sealthiel zeugte Serubabel. 13 Serubabel zeugte Abiud. Abiud zeugte Eliakim. Eliakim zeugte Asor. 14 Asor zeugte Zadok. Zadok zeugte Achim. Achim zeugte Eliud. 15 Eliud zeugte Eleasar. Eleasar zeugte Matthan. Matthan zeugte Jakob. 16 Jakob zeugte Josef, den Mann Marias, von welcher ist geboren Jesus, der da heißt Christus.

Seit diesen Tagen ist Weihnachten die Zeit der Listen. »Listen« jetzt nicht im Sinne von Hinterlisten und Arglisten, Ränkespielen und Winkelzügen, Machenschaften, Kniffen, Bluffs und Finten (das vielleicht auch), sondern eher im Sinne von To-do-Listen, Menüfolgen, Best-of-Alben, Timetables, Tischordnungen, Sammelnachrufen (»Diese Stars werden uns fehlen«), Wohlfühlskalen, In-und-out-Katalogen und der eben zitierten Rückbesinnung auf die Liste der Vorfahren. Auf Platz 1 der Liste aller Weihnachtslisten steht natürlich der Wunschzettel, der an das Christkind gerichtet ist. Mit dieser kindlichen Bedarfsoffensive wird der junge Christenmensch auf wunderbare Weise in die bunte Welt des Konsums eingeführt. Der Germanist und Dichter Hoffmann von Fallersleben (der auch die deutsche Nationalhymne getextet hat) schilderte die Listenhaftigkeit des Weihnachtsfestes 1835 ganz unbekümmert:

> Morgen kommt der Weihnachtsmann,
> Kommt mit seinen Gaben.
> Trommel, Pfeife und Gewehr,
> Fahn und Säbel und noch mehr,
> Ja ein ganzes Kriegesheer,
> Möcht' ich gerne haben.
>
> Bring' uns, lieber Weihnachtsmann,
> Bring' auch morgen, bringe

Musketier und Grenadier,
Zottelbär und Panthertier,
Ross und Esel, Schaf und Stier,
Lauter schöne Dinge.

Es handelt sich bei der Urfassung sicherlich um keinen politisch korrekten Wunschzettel, im 19. Jahrhundert dachte man sich wohl nicht so viel dabei. Wegen der delikaten militärischen Stellen wurde das Lied mehrmals umgedichtet und entschärft, heutzutage allerdings könnte man es in der Kita wieder im Fallersleben'schen Original singen, weiß doch kein Mensch mehr, was ein »Musketier« und ein »Grenadier« ist.

Viele Institutionen tragen ihre besonderen Listen zum weihnachtlichen Wohlbefinden bei: Die Kirche bietet im Advent-Countdown eine ganze Latte von Feierlichkeiten und hochheiligen Ereignissen an. Die Liste der weltlichen und heidnischen Brauchtümer ist nicht weniger lang. Doch auch in der medialen Begleitung der Vorweihnachtszeit wimmelt es von Top-und-Flop-Listen, Jahresrückblicken und Ratgeber-Regeln: »12 Dinge, die sich Lady Gaga für ihre Christmas-Party vorgenommen hat«, »7 Sprüche, die man an Heiligabend vermeiden sollte«. So ein Jahresrückblick kann auch ganz schön anstrengend sein: Das Magazin Cicero stellt seit 2006 zum Jahresende

»Die wichtigsten 500 Intellektuellen« vor. Gibt es denn überhaupt so viele? Man muss wohl einer von ihnen sein, um die Platzierungen nachvollziehen zu können. (Politiker sind übrigens ausgeschlossen.) Äußerst beliebt scheinen auch Präsentationen von Christmas Carols zu sein: »Die 50 beliebtesten Weihnachtslieder«, »Die 10 unbekanntesten Weihnachtslieder aus dem Erzgebirge«, wobei es die Bild-Zeitung mit den »10 nervigsten Weihnachtsliedern« leider wieder einmal auf den Punkt gebracht hat:

10 Last Christmas – The Crazy Frog-Version
9 All I want for christmas is you – Mariah Carey
8 Christmas in my heart – Sarah Connor
7 The Christmas Song – David Hasselhoff
6 Rudolph, the Red Nosed Reindeer – Ella Fitzgerald
5 Weihnachts-Song – Sido
4 Feliz Navidad – Jose Feliciano
3 Heidschi Bumbeidschi – Heintje
2 Jingle Bells – Kelly Family

 *Und auf dem Siegertreppchen steht ...*

1 **Morgen kommt der Weihnachtsmann – Kinderchor-Version**

Schon wieder der Weihnachtsmann! Und dann auch noch in einer der vielen extrapappigen Steppke-Interpretationen. Liebe Außerirdische, ihr habt von all den Liedern wahrscheinlich nie gehört, denn sie sind allesamt nicht auf der »Voyager Golden Record« zu finden, also auf den Datenplatten mit den irdischen Kulturgütern, die 1977 mit der Voyager ins Weltall geschickt wurden, auf dass ferne fremde Zivilisationen (ja, genau solche wie ihr!) innerhalb der nächsten 500 Millionen Jahre etwas über die menschliche Kultur erfahren sollen. »Johnny B. Goode« von Chuck Berry ist zum Beispiel drauf. Dabei wäre doch gerade »Morgen kommt der Weihnachtsmann« äußerst geeignet gewesen, menschliches Denken zu begreifen.

Die Macht der Wiederholung

»Religion ist wohldurchdachtes Delirium«

(Émile Durkheim)

Weihnachten scheint auch die große Zeit der Wiederholungen zu sein. In Wort und Tat wird das ewig Gleiche zelebriert, Abweichungen sind streng verpönt. Und auch die Zelebration des ewig Gleichen wird in ewig gleichen Worten beklagt, und auch diese periodischen Klagen werden stereotyp meta-beklagt, und so weiter. »Periodizität« nennt es die Wissenschaft, »Turnus« die Geschäftswelt, »Ritual« die Brauchtumskunde, »Wiederkehr und Verheißung« die Theologie. Feste Bestandteile des Repetitionsmarathons sind die Worte aus dem Evangelium:

»Es begab sich aber zu der Zeit, dass ein Gebot von dem Kaiser Augustus ausging …«

Die Gemeinde nimmt es dem Pfarrer überhaupt nicht übel, dass er dieses Jahr schon wieder mit derselben Geschichte daherkommt, im Gegenteil. Wenn etwas so oft wiederholt wird, muss es wahr sein. Dann gibt es keinen Weg mehr zurück in den Zweifel.

In der Musik ist die Wiederholung ein gezieltes Stilmittel. Nicht umsonst haben barocke Klänge in der Weihnachtszeit Konjunktur, denn die üppigen Koloraturen, Verschnörkelungen und Iterationen des Barock verstärken den trancebildenden Effekt. Weihrauch und Wiederholung scheinen ohnehin die Grundpfeiler der liturgischen Feier zu sein, und beim Weihnachtsfest wird dies am deutlichsten. Die Psychologie spricht in diesem Zusammenhang von behandlungsbedürftiger »Stereotypie«. Das ist eine Verhaltensanomalie in Form von wiederholten und ständig gleichbleibenden Handlungen ohne Ziel oder Funktion, die der konkreten Umweltsituation nicht entsprechen und häufig zwanghaften Charakter tragen. Hierzu gehören sieben auffällige Verhaltensweisen:

7 Kontinuierliches Schnüffeln (Weihnachtsmärkte?)
6 Lecken, Beißen, Zwangsnagen (Plätzchen?)
5 Krankhaft häufig wiederholte Gedanken (»Schon Geschenke besorgt?«)

Wäre die Community der Weihnachtsfeiernden (und dazu gehört eigentlich jeder) eine einzige Person, würde der behandelnde Psychiater sofort eine »zwanghafte Persönlichkeitsstörung« diagnostizieren. Die liegt dann vor, wenn folgende Eigenschaften und Verhaltensweisen hinzukommen:

4 Zählzwang
3 Ständige Beschäftigung mit Details, Regeln, Listen, Vorgaben
2 Sklavisches Befolgen von Konventionen

 Und auf dem Siegertreppchen steht ...

1 Manisches Sammeln, Dokumentieren und Zeigen von unnützen Informationen (Instagram? Facebook? Twitter?)

Für diese alternativlose »Ewige Wiederkunft des Gleichen« hat der antike Philosoph Platon ein ausdrucksstarkes Symbol gefunden, den »Ouroboros«, das ist eine Schlange, die sich in den Schwanz beißt. Das mythologische Untier sieht auch schon ein bisschen wie eine Weihnachtskugel aus:

Dieser Ouroboros braucht weder Augen noch Ohren, weil außerhalb von ihm nichts existiert, auch keine Arme und Beine, weil außerhalb kein Ort ist, zu dem er sich begeben könnte. Er kreist in und um sich selbst und bildet dabei den Kreis als vollkommenste aller Formen. Er wiederholt sich selbst, um seiner selbst willen. Gibt es in unserem digitalen, medienfixierten Zeitalter dafür nicht den Begriff der Filterblase?

Aber vielleicht ist uns der christlich anmutende Weihnachtsfestkreis durch die regelmäßig sich wiederholenden Naturabläufe aufgezwungen worden. Bei den vorchristlichen Völkern wurde die Wintersonnenwende am 21. Dezember gefeiert. Ab da werden die Tage wieder länger, und man konnte ein Ende des unangenehmen und lebensfeindlichen Winters absehen. Die Adventszeit, der Nikolaustag, die Fastenzeit bis zum Epiphaniasfest (Heilige Drei Könige) sind nichts anderes als christliche Reaktionen auf diese heidnischen Kulte. Im römischen Reich etwa wurden in der Zeit vom 17. bis zum 25. Dezember die »Saturnalien« abgehalten, das waren Feiertage zu Ehren des Gottes Saturn (Ressort: Zeit, Sonne, Wärme, Ackerbau). Die Römer beschenkten einander, lange bevor die Heiligen Drei Könige Gold, Weihrauch und Myrrhe brachten. Sie hoben die Standesunterschiede für kurze Zeit auf und bewirteten Sklaven am eigenen Tisch, bescherten sie also. Als die christliche Kultur die römisch-heidnische ablöste, wurde jedenfalls der letzte Tag der Saturnalien von den Kirchenoberen zum Geburtsdatum von Jesus bestimmt. Die Saturnalien wurden auch »Die Geburt der unbesiegten Sonne« genannt, die Anbetung der *Sonne* wurde durch die Anbetung des *Sohnes* ersetzt. Das Geburtsdatum wurde erst um 300 n. Chr. festgelegt, amtskirchlich offiziell sogar erst 813 n. Chr. Wir haben die großartig gefeierten Traditionen unserer Feiertage also nur ausgeliehen.

Immer Anfang Dezember beginnt der jährliche Wahnsinn. Der 1. Dezember ist nach altem Volksglauben ein »Schwendtag« (mhd. swende, »Vernichtung, Verbannung«), an solch einem Tag ist es ratsam, nichts Neues zu beginnen, nichts zu planen und keine Reise anzutreten. Nach dem Mythologieforscher Adalbert Kuhn sollen genau am 1. Dezember die beiden Sündenpfuhle Sodom und Gomorra untergegangen sein. Die Weihnachtszeit geht also schon gut los.

Der Reiz der Rekorde

☆ Der dänische »Heissihønd«-Stand provoziert am Weihnachtsmarkt in Zürich: Hier gibts einen Hotdog für schlappe 250 Franken. Er enthält ein 80 g-Kobe-Rindfleisch-Würstchen, weißen Alba-Trüffel und persischen Safran, dazu gibt es einen winzigen Schluck Cristal-Roederer-Champagner – alles nur auf Bestellung.

☆ Die schnellste Tannenbaumfällerin der Welt ist Erin Lavoie aus den USA. Sie schaffte 27 Stück in nur zwei Minuten. Seit 2008 hält sie den Weltrekord.

☆ Die Weihnachtstanne mit dem teuersten Baumschmuck im Wert von 11 026 900 US-Dollar steht in einem Hotelfoyer in Abu Dhabi, Vereinigte Arabische Emirate. Die Tanne ist behängt mit Brillant-Uhren, echten Perlen und Schmuck aus Gold, Edelsteinen und Diamanten. Überraschenderweise ist das Ganze lediglich mit einer schlichten roten Kordel abgesperrt.

☆ Am 19. 12. 2015 formierten sich in Indien 4030 Teilnehmer zum größten menschlichen Christbaum.

☆ Ebenfalls in Indien, in Kochi, wächst der größte Weihnachtsstern. Im Jahr 2009 war die Pflanze

36,59 Meter hoch und 4200 Kilogramm schwer. Viel Spaß beim Gießen.

☆ Die wertvollste Weihnachtskarte der Welt wurde 2001 für 28 000 US-Dollar auf einer Auktion verkauft. Sie ist eine von den ersten gedruckten Weihnachtskarten aus dem Jahre 1843, es gibt noch elf weitere.

☆ Die Weltmeisterschaft im Weihnachtsbaum-Werfen fand 2016 nun schon zum elften Mal im pfälzischen Weidenthal statt. Geworfen wird mit 1,50 Meter hohen Fichten, nach Angaben der Organisatoren traten über 80 Amateursportler an. Es gab drei Disziplinen. Die Teilnehmer mussten die Fichten wie einen Speer werfen, wie einen Hammer schleudern und in der Hochsprunganlage über die Latte bringen. Als offizielles Dopingmittel war Glühwein erlaubt.

☆ Das tiefste »Ho! Ho! Ho!« wurde von dem Briten James Gover gebrummt, die Guinness-Schiedsrichter maßen 62,81 Hertz. Hochachtung.

Kinder zeichnen Weihnachtskugeln

Zur Entspannung nach so vielen Fakten lassen wir Kinder Weihnachtskugeln zeichnen und deuten die frappierenden Ergebnisse. Die spontanen Kritzeleien ergeben tiefe Einblicke in die Seelen der Zwei- bis Vierjährigen. Die meisten zeichnen folgende Kugeln:

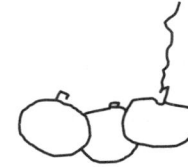

Das sind brave, ausgeglichene Kinder. Sind sie etwas lebhafter, können die Zeichnungen natürlich auch wilder ausfallen. Hier die Skizze eines gesunden, nach allen Seiten hin offenen Rabauken:

Unter den vielen gesichteten Zeichnungen fallen jedoch einige besondere auf. Sie sind von Kindern mit kleinen, liebenswerten Macken. Hier die außergewöhnlichsten:

Nachdenkliches Kind

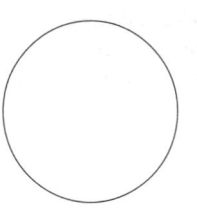

Angeber

Außenseiter

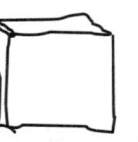

Trotzphase

Kind mit neuer
Graphikkarte

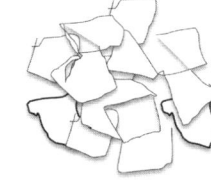

Kind mit geringem Selbstwertgefühl

Kubist

Missverständnis des Wortes »Weihnachtskugel«

Vorlesen an Weihnachten

Buchhändler schwärmen gerne von ihren himmelhohen Dezemberumsätzen, die die des ganzen übrigen Jahres mehrfach übersteigen. Weihnachtszeiten und Vorweihnachtszeiten sind jedenfalls Lese- und Vorlesezeiten, wobei das Vorlesen im trauten Kreis der Lieben vermutlich nur noch rudimentär gepflegt wird. Wenn, dann auf vornehmer Ebene, etwa im großbürgerlichen Milieu der Familie Buddenbrook von Thomas Mann. Dort übernimmt das die altehrwürdige Konsulin.

»Sie rückte die Lampe zurecht und zog die große Bibel heran, deren altersbleiche Goldschnittfläche ungeheuerlich breit war. Dann schob sie die Brille auf die Nase, öffnete die beiden ledernen Spangen, mit denen das kolossale Buch geschlossen war, schlug dort auf, wo das Zeichen lag, daß das dicke, rauhe, gelbliche Papier mit übergroßem Druck zum Vorschein kam, nahm einen Schluck Zuckerwasser und begann, das Weihnachtskapitel zu lesen.

Sie las die altvertrauten Worte langsam und mit einfacher, zu Herzen gehender Betonung, mit einer Stimme, die sich klar, bewegt und heiter von der andächtigen Stille abhob.«

Wenn es noch eine Stufe drüber sein darf: Die englische Königsfamilie hält sich zum Beispiel immer noch einen »Royal Reader«. Der Name des aktuellen ist schwer zu ermitteln, der bekannteste historische war jedenfalls ein gewisser Jean André Deluc, ab 1774 Vorleser am englischen Königshaus, bei der damaligen Königin von England, Sophie Charlotte von Mecklenburg-Strelitz. Aber was liest so ein Royal Reader bei Königs an nasskalten Dezemberwochenenden vor? Schlägt er die handgeschöpfte King James Bible von 1611 auf und zelebriert mit zitternder Stimme die Weihnachtsgeschichte:

> »And she brought forth her firstborn son, and wrapped him in swaddling clothes, and laid him in a manger; because there was no room for them in the inn …«

Hartnäckig hält sich das Gerücht, dass der erste Royal Reader niemand anderer war als William Shakespeare, der zwischen 1568 und 1572 Queen Elisabeth I. vorgelesen hat, natürlich selbst verfertigte, für die Tudors maßgeschneiderte Weihnachtsgeschichten:

THE CARPENTER OF GALILEE

Kripp' oder Herberg', das ist hier die Frage!
Ist's edler im Gemüt, noch weiter an die Tür'n zu klopfen
und hinter ihnen grimme Herbergsleut' zu schauen,
die, aus dem Schlaf geweckt, nur murmeln,
dass heut' kein Lager frei; dass man bis Ostern ausgebucht
   bis in die kleinste Besenkammer sei!
Oder soll man dort in dieser Krippe nächt'gen,
die unter Tags dem Feldgetiere Nahrung bietet?
Soll man so künft'ge Leser der Geschichte
schaudern machen beim Gedanken,
dass mancher Strohhalm, den der Ochs verschmähte,
das nackte Hinterteil des Jesukindleins piekst?
Da denkt der weise Joseph, 's wär wohl besser,
wenn Herbergsgäste spät'rer Zeiten auf jeden Fall
im Nachttisch des Hotels die Krippen-Variante läsen.
Und denken: »Hier schläft sich's besser als im Stall –
trotz Straßenlärms und hoher Zimmerspesen!«

Auch an deutschen Schulen wird durchaus noch aus leibhaftigen Büchern vorgelesen, etwa in der lange herbeigesehnten letzten Schulstunde vor den Weihnachtsferien. Gerade Deutschlehrer entlassen die Wissbegierigen gerne mit etwas heimischer Literatur in die Vakanz. Der Text will allerdings gut ausgewählt sein, sollte er doch mit einer erkennbaren Pointe abschließen und, ganz wichtig, genau eine

Dreiviertelstunde dauern. Ein kürzerer Text zwingt Lehrer wie Schüler zu Reflexionen des Vorgelesenen, was wiederum zu einer Art Deutschunterricht führt, und das wollen ja beide Seiten nicht. Kürzt der Lehrer einen längeren Text wiederum auf Schulstundenlänge, fällt das immer mindestens einem Schlaumeier unter den Schülern auf, und die vorweihnachtliche Stimmung ist dahin. Leider gibt es in der ganzen deutschen Literaturgeschichte, von den Merseburger Zaubersprüchen bis zu Judith Herrmanns Prenzlauer Beschwörungen, keine einzige Erzählung, die genau eine Dreiviertelstunde dauert! Dabei ist die Schulstundenlänge eine Universalie. Alles Wichtige auf dieser Welt dauert 45 Minuten. Die entscheidende Halbzeit eines Fußballspiels. Ein Gespräch über das Wesentliche. Die tödliche Wirkdauer des Gifts der australischen Würfelqualle. Zentrale Bibelstellen wiederum sind von frappierender Kürze:

»Und sie gebar ihren ersten Sohn, wickelte ihn in Windeln und legte ihn in eine Krippe, weil nicht Platz für sie war in der Herberge.«
(Lesedauer: 11 Sekunden)

Mehr ist nicht. Diese drei Zeilen im Lukasevangelium sind die Grundlage für sämtliche Krippenspiele, Heilige-Nacht-Gemälde und Weihnachtsoratorien.

Manchmal hat man allerdings das Bedürfnis, solche knappen Skizzen etwas genauer auszuschildern. Und das sieht dann so aus:

 *Die vierte Wand*

Was tust du denn da?«, fragte Maria.

»Ich suche einen Nagel«, antwortete Josef.

»Einen Nagel wofür?«

»Na, wofür wohl. Um meine Jacke aufzuhängen!«

»Dann kannst du meinen edlen, blauen Umhang auch gleich mit dazu hängen«, sagte Maria. »Es ist wirklich ein Wunder, dass er den ganzen Weg von Galiläa bis hierher nicht schmutzig geworden ist.«

Josef hatte nicht zugehört.

»Verflucht, kein Nagel«, murrte er. »Nicht einmal ein vorstehender Ast.«

Er suchte die Hinterwand des Stalls ab, und selbst die Tür, durch die sie gekommen waren, wies keinen Haken auf. Die Seitenwand bestand aus glatten, dicht aneinandergefügten Brettern. Doch Josef gab nicht auf.

»Das ist ja komisch«, sagte er schließlich. »Schau mal: Hier vorn ist gar keine Wand, hier gehts einfach ins Freie.«

Das Kind schlief hinten in der Krippe, Maria trat nach vorn zu Josef.

»Tatsächlich. Die Krippe hat nur drei Wände. Darum zieht es hier auch so.«

Sie blickten hinaus in die Nacht. Sterne glitzerten am Himmel, sie hatten die Form eines großen Tannenbaumes.

Und dann der Schock. In einiger Entfernung war ein Tisch aufgebaut, an dem vier Riesen saßen, die sich über eine gigantische gebratene Gans hermachten.

»Frohe Weihnachten!«, rief einer der gutgelaunten Riesen, und seine Stimme ließ den Boden, auf dem Maria und Josef standen, erzittern.

»Wir müssen hier sofort weg«, flüsterte Maria. »Am besten, wir springen da runter.«

Sie sprangen. In den Abgrund. Ins Ungewisse. Sie fielen weich. In ein riesiges Paket, in dem Seidenpapier aufgestapelt war.

»Geschafft«, sagte Josef, nachdem er sich aufgerappelt hatte.

Sie blickten sich an. Und abermals breitete sich Entsetzen in ihren Gesichtern aus.

»Wir haben das Kind vergessen!«, flüsterte Josef.

»Ach was«, winkte Maria ab. »Es ist doch nur aus Holz.«

Auf Josefs Miene erschien ein bitterer Zug.

»Ja, das mag wohl stimmen«, stieß er endlich gepresst hervor. »Aber wie lange ich daran herumgeschnitzt habe!«

Das ewige Lied: Stille Nacht

Es ist ein Welthit, den jeder kennt, den jeder schon
einmal gesungen hat. Betrachtet man es allerdings
vom handwerklichen Standpunkt her, weist das kleine
Liedchen manchen Schnitzer auf. Im Lehrbuch für
Musik würde es sogar als Negativbeispiel für stüm-
perhafte Tonsetzerei aufgeführt werden. Die abwärts
gerichtete Melodie der ersten vier Noten bremst ab,
bevor das Lied überhaupt in Schwung kommt. Eigentlich ein Rohrkrepierer. Die Musikpsychologie
spricht höflich von einschläfernder »Deszendenz«,
Wolfgang Amadeus Mozart beurteilte solche fallen-
den Einleitungen drastischer: »Nur scheißen tust
abwärts, komponieren sollst aufwärts.« Damit nicht
genug. Die ersten beiden Töne des Liedes bilden eine
verzögernde Synkope. Die verleiht normalerweise
Schwung, Spannung und Hopsasa, Trallala. Doch ist
im Fall des kleinen Liedchens wegen des lauwarmen

Walzertaktes im Schneckentempo keinerlei Elan zu spüren. Die Originalkomposition steht darüber hinaus in D-Dur, eine Tonart, die »heiter, lärmend, etwas gewöhnlich« wirkt, wie der Komponist Hector Berlioz feststellte. Und schließlich passen die ersten beiden Töne eigentlich nicht zum Text, der Sänger wird nämlich gezwungen, gleich am Anfang eine Silbe unschön zu zerreißen und sie auf zwei Töne zu verteilen. Und ausgerechnet das bedeutungsvolle Wort »Stille« wird zur zerdehnten »Sti-hil-le«. Wie jetzt: Schon in den ersten beiden Takten ein solches Stümperwerk – und dann solch ein bombastischer Welthit?

Die Uraufführung fand bekanntlich am Heiligabend 1818 statt, in der St.-Nikola-Kirche in Oberndorf bei Salzburg. Der Textdichter Joseph Mohr spielte Gitarre, der Komponist Franz Xaver Gruber sang dazu. Wie es damals üblich war, haben die anwesenden Oberndorfer Kirchgänger, allesamt brave Salzschiffer, den Refrain nachgesungen. Ob sie dem Lied aber viel Chancen gegeben haben? Vermutlich nicht. Aber es sollte ja anders kommen. Das Verlegenheitswerk wurde der Blockbuster aller Blockbuster. Dabei gab es doch zur damaligen Zeit musikalisch wesentlich besser gestrickte Weihnachtslieder. Das quirlige »Tochter Zion, freue dich« etwa. Aber das inbrünstig andächtige Sti-hil-le Naaacht ist nun mal der Einmarsch der himmlischen Heerscharen, es ist die lichterglitzernde Stimmungskanone schlechthin, die vier Töne schaffen innerhalb weniger Sekunden die ironiefreie, von Kopf bis Fuß durchseelte Weihnachtsatmosphäre, von der man das ganze Jahr geträumt hat. Kein Witzbold oder Miesmacher wagt es, »Welch ein Kitsch!« zu rufen, wenn einer der vielhundertstimmigen Knabenchöre losdonnert. Kein Spötter verzieht den Mundwinkel zu einem überheblichen Grinsen. Im Banne dieser zwei Takte steht das Herz stramm. Dass es von einem Aushilfsorganisten komponiert und von einem Armeleutepriester getextet wurde, beflügelt den romantischen Mythos. Es ist ein Lied, das von ganz unten und von ganz innen kommt. Das macht es wahrscheinlich aus. Es wurde deshalb von der UNESCO als Immaterielles Kulturerbe in Österreich anerkannt – neben anderen österreichischen Eingebungen wie zum Beispiel dem Hundsstoa-Ranggeln (ein archaisches Kräftemessen im Salzburger Land).

Bis 1818 wurde hauptsächlich der andere Weihnachtshit gesungen: »Vom Himmel hoch, da komm ich her«. Text und Musik sind von Martin Luther 1535/39 höchstpersönlich geschrieben worden, angeblich für die Weihnachtsbescherung der eigenen Kinder. Ja wenn man so einen Reformator in der Familie hat!

»Martin!«

»Was gibts, meine liebe Katharina?«

»Die Kinder wollen, dass wir was zusammen singen. Was Neues.«

»Ich muss zuerst noch den Brief an den Papst …«

»Ach, komm schon!«

»Also, von mir aus: Stille Nacht, heilige Nacht …«

»Klingt schmalzig.«

»Na gut, andere Idee: Vom Himmel hoch …«

Und so fiel Luther ein komplizierter musikalischer Einstieg ein, der eigentlich kaum singbar ist. Eine unruhige Melodie, ebenfalls absteigend, aber hier ist das stimmig, denn es ist ja von einem Abstieg von ganz oben die Rede …

Zurück zur katholischen Weihnachtshymne. Alle möglichen Musikmotive wurden im Lauf der Musikgeschichte parodiert, geklaut, variiert recycelt, im Fall von Stille Nacht jedoch hat kaum ein namhafter Komponist, weder vor noch nach 1818, diese sonderbare Anfangsmelodie zu Papier gebracht. Es gibt allerdings zwei Ausnahmen: Antonín Dvořák hat das Motiv 1889 im Klavierquartett Es-Dur verwendet, gleich am Anfang erklingt es, und richtig böhmisch windig geht es dort zu. Noch deutlicher ist es in Georges Bizets Oper *Carmen* (uraufgeführt 1875) herauszuhören: Aus *Sti-hil-le Nacht* wird dort: *Auf-in-den-Kampf,* (Torero!) – plötzlich hat sich der abwärtsgerichtete Walzerschleicher in einen zackigen

Marsch verwandelt. Doch richtig profan wird es erst, wenn man Stille Nacht (wie die Blockflötenkinder) in C-Dur spielt, dann wird aus a-h-a-fis die Tonfolge g-a-g-e. und die Gage ist, gleich nach dem Applaus, das Brot des Künstlers.

So weit zur Musik. Aber auch der Originaltext gibt zu mancher Klage Anlass. Lassen wir den Korrekturgelüsten eines Germanisten freien Lauf.

Lehrerkorrekturen

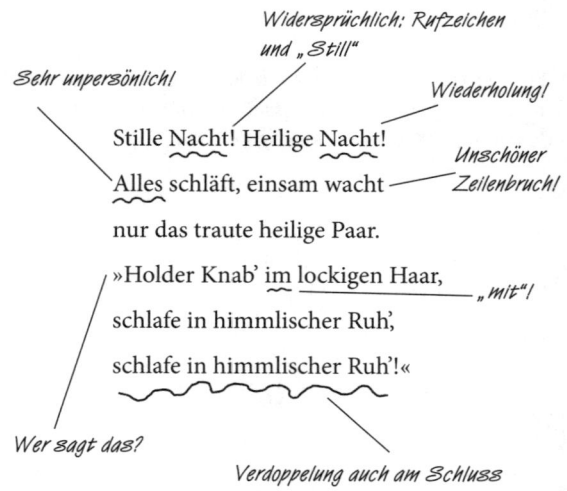

Widersprüchlich: Rufzeichen und „Still"

Sehr unpersönlich!

Wiederholung!

Stille Nacht! Heilige Nacht!

Unschöner Zeilenbruch!

Alles schläft, einsam wacht

nur das traute heilige Paar.

»Holder Knab' im lockigen Haar,

„mit"!

schlafe in himmlischer Ruh',

schlafe in himmlischer Ruh'!«

Wer sagt das?

Verdoppelung auch am Schluss

Mangelhaft!

Stille Nacht –
Hitliste der besten Einspielungen

Es ist nun einmal das Lied, das einem ständig in den Ohren klingt, sobald das letzte Blatt Herbstlaub gefallen ist. Hätte der Komponist Franz Xaver Gruber das Werk übrigens 1818 regulär bei der GEMA angemeldet, hätte er heute so viele Tantiemen auf dem Konto, dass er ganz Österreich mit einer sieben Zentimeter dicken Goldschicht versiegeln könnte. (Quelle: Tarifrechner Online der GEMA) Am bekanntesten sind hierzulande die Weichspüler-Fassungen von Elvis Presley und den üblichen Knabenchören. Einige besondere Einspielungen, die etwas aus dem Rahmen fallen, seien hier ausgeführt, der Anspruch auf Vollständigkeit ist natürlich in diesem Fall absurd.

Die Toten Hosen haben 2001 eine Punk-Version improvisiert, charmant sind die Texthänger am Anfang, dann wird es ziemlich garagig. Das könnte euch gefallen, liebe Aliens. (Ich frage mich, ob ihr eigentlich auch Lieder habt? Musik? Tanz und Gesang? Die Kastelruther Spatzen? Oder eher Punk? Ja? Das würde ich gerne einmal hören.)

Als die erste bekannte Einspielung auf Tonträger gilt die Schellack-Aufnahme vom **Haydn Quartet** aus dem Jahr 1905. Die amerikanische Männergesangsgruppe schmettert »Silent night, *hallowed* night« (nicht das ordinäre *holy* night) im Barbershop-Stil, das obligatorische Plattenkratzen beamt einen gut hundert Jahre zurück.

Hörenswert ist auch die historische Aufnahme der Austro-Amerikanerin und Kontraaltistin **Ernestine Schumann-Heink**, die das Lied 1911 auf Deutsch eingesungen hat. Man lache nicht über die Gesangstechnik von damals, auch ein kitschig bremsendes Rubato »Schlaf in himmlischer Ru-huuuuu – – –« ist wohl dem Geschmack der Zeit geschuldet. Am 21. 12. 1935 hat sie es in gereiftem Alter noch einmal eingesungen, es ist die letzte große Aufnahme vor ihrem Tod 1936.

Die gefühlvollste A-capella-Interpretation ist sicherlich die von den **Comedian Harmonists**, aufgenommen in Berlin am 12. September 1932. Mit Ari Leschnikoff (samtweicher 1. Tenor), Erich Abraham-Collin (stählerner 2. Tenor), Harry Frommermann (Gründer und 3. Tenor), Roman Cycowski (turnhallenfüllender Bariton) und Robert Biberti (vollfetter, rabenschwarzer Bass). Begleitet werden die fünf von einem Tanzorchester, zum Schluss gibts auch noch

Kirchenglocken. Wer da nicht weint, hat keine Salz-
drüse.

Der deutsche Schauspieler **Wolfgang Kieling**
(1924–1985, Vater von Susanne Uhlen) hat das Lied
1938 als vierzehnjähriger Kinderstar gesungen. Die
Nazi-Propaganda feierte die »schönste Knaben-
stimme Europas«. Elf Jahre später, vier Jahre nach
Kriegsende, kehrte Kieling als junger Mann aus rus-
sischer Gefangenschaft heim.

Manche behaupten ja, nur die Gospelsängerin **Maha-
lia Jackson** brächte die echte Soul-to-Soul-Christ-
mas-Stimmung ins Haus: Die Interpretation von 1961
ist kathedralisch, ekstatisch, mitreißend. Sie beißt in
das Lied wie in eine Hostie, kaut darauf herum und
genießt Ton für Ton.

Oder wie wäre es mit einem der vielen Tech-
no-Club-Mixes? Stellvertretend sei vielleicht der von
Daniel Gaiswinkler erwähnt: »Silent Night Techno /
Dubstep by Gaiswinkler-Live.« So stellt man sich
Weihnachten bei einer Raverfamilie vor. Bummbumm, utz, utz, whamp, whamp, Vater und Sohn
unterhalten sich derweilen über den Unterschied
zwischen Detroit House, Goa Trance Style und In-
dustrial Techno. Was wird wohl bei den Technos auf
dem Gabentisch liegen? Bunte Smarties? Neue Reg-

lerknöpfe und Drumcomputer? Grüne Schallplatten, Synthesizer und Trillerpfeifen? Jedenfalls viel Bummbumm, utz, utz, whamp, whamp die ganze Stille Nacht.

Ein Blick ins Nachbarland: **Mireille Mathieu** singt »Douce nuit« zusammen mit einem Jungen. Da schnarrt das »dorrrrrrrmire«, es klingt wie »non, je ne regrette rrrrien« von Édith Piaf.

Freddy Quinn kennt man eher mit seinem »Junge, komm bald wieder«. Stille Nacht singt er genauso sehnsuchtsvoll-salzig, wie es sich eben für einen Wahl-Hamburger (das sind die echtesten) gehört. Ein Seemannslied ist jedenfalls nicht weit: »Alles schleuft« bei ihm. Seinen Gesang umrahmt ein Engelschor. Oder sind es Elbnixen?

Destiny's Child (mit der jungen **Beyoncé**) nimmt Silent Night musikalisch richtig auseinander: Permanente, unverhoffte Tonartwechsel, plötzliche, kalt schauernde Rückungen ins musikalische Niemandsland. Gut zum Anhören, schwer zum Mitsingen.

Der Schweizer Komponist **Arthur Honegger** (1892 – 1955) hat das Lied neben vielen anderen bekannten Weihnachtsliedern in seine 1953 entstandene »Cantate de Noël« eingeschmuggelt. Der Wohlklang des »ewigen Liedes« scheint sich hier gegen die Misstöne der Welt durchzusetzen. In der Realität klappt das allerdings nicht immer.

Der Musikkritiker Daniel Durchholz empfand die Stimme von **Tom Waits**, »als wäre sie in einem Fass Bourbon getränkt, einige Monate in die Räucher-kammer gehängt, dann nach draußen gebracht und mehrmals mit dem Auto überfahren worden«. Tom Waits grummelt, knurrt und zersägt Silent Night in seine Bestandteile. Hierzu passen abgewrackte Ni-koläuse, der Weihnachtsbaum vom Vorjahr und eine Weihnachtsbowle mit viel Wermut.

Vom russisch-deutschen Komponisten **Alfred Schnittke** (1934–1998) gibt es eine schräge »Stille Nacht«-Variante für Violine und Piano. Schnittkes Musik ist schwer zu verschubladisieren: Aleatorik? Polystilistik? Serialismus? Neue Beliebigkeit? Das phantastisch schwankende Ende von Schnittkes »Si-lent Night« kommentiert ein YouTube-Hörer mit: »What a sick joke. I love it.«

Und zu guter Letzt: Was läge näher, als das Wort »still« ganz wörtlich zu nehmen, sich die Klampfe zu schnappen, das Notenblatt zurechtzurücken – und *nichts* zu spielen! Das wäre jedenfalls ganz im Stil des US-amerikanischen Avantgarde-Komponisten **John**

Cage (1912–1992). In seinem 1952 entstandenen Stück 4'33" hört man vier Minuten und dreiunddreißig Sekunden keinen einzigen Ton. Die gedruckte Partitur kommt mit der Anweisung *tacet* aus. Wenn das kein Stück für die »staade Zeit« ist! In der Vorweihnachtszeit 2010 schaffte es eine Facebook-Graswurzelaktion tatsächlich, mit einer Performancevariation des Stückes (»Cage Against the Machine Version«) in den britischen Charts bis auf Platz 21 zu kommen. Mehr davon!

Weihnachtskartengrüße

Früher war es der Kaminsims oder das Pianoforte, heute ist es meist die Kommode oder ein kleines Tischchen im Wohnzimmer, auf das die aufgeklappten Karten gestellt werden. Man geht mehrmals am Tag dran vorbei. Und man freut sich über jede noch so vorgefertigte Sendung, auch über die vom Jeans-Store, bei dem man vor Jahren einmal eine Hose per PayPal gekauft hat. Dieses werbliche Kärtchen steht sogar ganz vorn, gleich neben dem handbeschriebenen Grußglas des freundlichen Computerberaters, der sich die Mühe gemacht hat, leckere Chutneys zu kochen und sie seinen vielen Kunden zu schicken. Doch das ist eher die Ausnahme. Die Regel sind aufstellbare Standardkärtchen.

Wer das geschriebene Wort und den nimmermüden Variationsreichtum der Sprache schätzt, dem sind die ewig gleichen Texte auf den Weihnachtskärtchen eine rechte Qual. Was heißt Text-*e*? Es gibt ohnehin nur einen amtlichen: »Fröhliche Weihnachten und ein gutes Neues Jahr« – *gutes* selbstverständlich immer kleingeschrieben, *Neues* seit 2017 wieder groß, sonst kann es passieren, dass das Kärtchen korrigiert zurückkommt. Manchen Kartenautor dürstet es nach

Variation, also schreibt er auch mal »Gesegnete« statt »Fröhliche«. Aber Moment mal. Klingt dabei nicht ein unterschwelliger religiöser Vorwurf mit, eine dezente Anspielung, dass der Empfänger den Segenswunsch des Absenders irgendwie nötig hätte?

Der Kärtchenautor wünscht also stattdessen beherzte »Frohe Weihnachten« statt alberne »Fröhliche«. Doch bei genauerer Betrachtung ist das eigentlich kein besonders herzlicher Wunsch. »Fröhlich« ist nicht, wie es scheint, die Verkleinerungsform von »froh«. Froh ist man darüber, dass etwas geschieht beziehungsweise nicht geschieht. »Froh« hat etwas Seufzendes. Es klingt wie: Du kannst froh sein, dass du beim Weihnachtsfest überhaupt dabei sein kannst. Besonders fröhlich muss es jedenfalls dabei nicht zugehen. Und so haben schließlich alle Varianten, die vom Urtext »Fröhliche Weihnachten und ein gutes Neues Jahr« auch nur eine Tannennadelbreite abweichen, eines gemeinsam. Man kann sie immer missverstehen. Hier deshalb eine kleine Auswahl von gutgemeinten Weihnachtsgrüßen – und wie sie beim Empfänger ankommen könnten:

☆ »Fröhliche Weihnachten und besinnliche Feiertage«
(Ich soll mich besinnen? Auf was? Ich muss ja in letzter Zeit sehr viel falsch gemacht haben.)

✫ »Ein himmlisches Weihnachtsfest – und Zeit für
   entspannte Spaziergänge im Winterwald«
   (Gleich mehrere? Muss der mich denn unbedingt
   an mein Übergewicht erinnern?)
✫ »Ich wünsche dir zur Weihnachtszeit –
   Gesundheit, Glück, Zufriedenheit«
   (Zufriedenheit? Ich soll mich also mit dem unterbezahlten Job und meinem Single-Dasein
   abfinden, na bravo. *Er* ist doch dieses Jahr stell-
   vertretender Abteilungsleiter geworden und hat
   Melanie geheiratet, nicht ich.)
✫ »Ich wünsche dir fröhliche, friedliche, schöne,
   glückliche, besinnliche, seelenvolle, ruhige Weihnachten und ein erfolgreiches, spannendes, auf-
   regendes, prickelndes Neues Jahr.«
   (Und kein *gesundes* Neues Jahr? Klar: Er wünscht
   mir also die Pest an den Hals.)

Manch einer setzt auch auf das Dichterwort. Oder
den Denkeraphorismus. Doch aus dem Zusammenhang gerissene Gedichtzeilen und lehrhafte Aphorismen machen es meistens auch nicht besser. »Solls'Da
àbgewöhn', in Zitatn zu quatschn! –« riet schon Arno
Schmidt. Zumal die großen Dichter und Denker bei
ihren eigenen privaten Grüßen nicht besonders originell, sogar erstaunlich einfallslos waren:

Friedrich Nietzsche 1861 in einem Brief an die Mutter Franziska:

> »Ich leide an Heiserkeit und Schnupfen. Weihnachten macht alles gut!«

Jean-Paul Sartre an Simone de Beauvoir am 24. Dezember 1939:

> »Heute war also Heiliger Abend, erstaunlich, wie das für die Leute zählt.«

Friedrich Engels an Karl Marx, Manchester, 26. Dezember 1862:

> »Lieber Mohr
> Lupus gab mir Deinen Brief gestern, & ich schicke Dir inliegend £ 5,– Bank of England. Leider hat der alte Hill keine £ 10,– in Bank of Engl. Noten, doch ist die andre auch Cash.«

Hermann Hesse an Heinrich Wiegand, Zürich, 25. Dezember 1927:

> »Caro amico
> Meine Bude liegt voll von Weihnachtspost, und fast alles ist zum Speien, Tannenzweige und süße Glückwünsche von alten Jungfern, sentimentale Postkarten von ›Knulp‹-Lesern, nach Baumkuchen und Wachs

riechende Briefe mit eingeklebten Photos von kinder-
reichen pommerschen Familien – na, dies und jenes
Liebe ist zum Glück doch dabei, dazu gehört sehr
auch Ihr Weihnachtsbrief.«

Dorothy L. Sayers an ihre Mutter am 18. Dezember
1922:

> »Liebe Mutter –
> Bitte fall nicht in Ohnmacht – ich komme am Sams-
> tag für die Feiertage nach Hause, mit einem Mann
> und einem Motorrad. Sei so nett und nimm ihn mit
> ein paar Worten und einem Lächeln einigermaßen
> freundlich in Empfang.«

Lediglich Goethe hat sich im Dezember 1793 etwas
einfallen lassen. Er bat seine Mutter Katharina Elisabeth, für seinen damals vierjährigen Sohn August
eine Miniaturguillotine zu besorgen, ein Spielzeug,
das sich wegen der Französischen Revolution in
Deutschland großer Beliebtheit erfreute. (Sie lehnte
übrigens ab.)

Man könnte natürlich sagen, dass es bei Weihnachtskarten gar nicht so sehr auf den Text ankommt, sie
müssen vielmehr kreativ gestaltet und hip gestylt
sein, optisch ansprechen, etwas Neues bieten, farb-
lichen Pfiff in die behausschuhte Weihnachtsstube

bringen. Doch auch hier kann man ausgesprochen daneben liegen, denn nicht jeder macht sich so viel Mühe wie der einfallsreiche digitale Chutney-Koch. Der »fontblog« weist in seiner Top-No-go-Liste auf Peinlichkeiten in der Gestaltung geschäftlicher Weihnachtspost hin:

☆ Weihnachtskarte stammt aus Unicef-, SOS-Kinderdorf- oder Misereor-Beständen

☆ Grüße gesetzt aus Zapfino, Snell Roundhand oder Kuenstler Script

☆ Karte enthält: Raffael-Engel, lustige Weihnachtsmänner, schneebedeckte Tannen

☆ Karte, auf der »Ihnen und Ihrer Familie« steht, auch wenn man ledig ist

☆ Karte mit herausfallenden Teilen (Flitter, Flocken, Sterne, Plätzchen …)

Die No-go-Liste wäre zu ergänzen mit:

☆ Karte mit zehn verschiedenen Schriften in unterschiedlichen Größen und Farben

☆ Karte, auf der in -zig Sprachen »Frohe Weihnachten« steht

☆ Karte, auf der alte Damen in Schwarzweiß irgendetwas Verrücktes machen

☆ Karte, deren Unterschrift erkennbar nicht vom Chef, sondern von minderjährigen, genervten und unterbezahlten Praktikantinnen fabriziert worden ist.

Man hat als Weihnachtskartenautor also lediglich zwei Möglichkeiten. Entweder man kocht Chutney, und zwar für jeden Empfänger ein anderes, und jedes Jahr ein anderes. (Alternativ: eingemachte Sülze, Holundersirup, saure Gurken, Quittenmarmelade, Tierpräparate, saure Bohnen, Paprikaschoten, Dampfzwetschgen, Ingwerkompott.) Oder man bleibt bei der alten Leier. Natürlich bis auf wenige extraterrestrische Ausnahmen.

Liebe Aliens!
Ich weiß nicht, ob euch diese Weihnachtsgrüße auf Proxima Centauri b je erreichen. 4,2 Lichtjahre sind schließlich kein Pappenstiel. Ich habe mich inzwischen astrologisch schlau gemacht. Die Umlaufdauer eures Planeten um eure Sonne beträgt etwa 11,2 Tage. Wenn das kein kurzes Jahr ist! Eineinhalb Wochen, und schon beginnt wieder die stille Zeit. Das heißt: Falls es so etwas bei euch überhaupt gibt. In diesem Fall eben ganz schnell: Frohe Weihnachten & gute Neue anderthalb Wochen.

Digitale Weihnachtsgrüße

Aber wer schickt heute noch Papierkarten? Und wer hat in seiner Wohnung noch einen gemauerten Kaminsims, um dort etwas aufzustellen? Aus diesen Gründen ist ein Zusatz zum vorigen Kapitel nötig, sozusagen ein Christmas-Card-Upgrade 1.0, das den Kommunikationsmöglichkeiten des 21. Jahrhunderts Rechnung trägt. Man hört ja überall, dass sich mit der glitzernden Welt der neuen Medien (»Contemporary Messaging«) und der rasanten E-fizierung auch die Inhalte radikal verändert hätten. Zum Positiveren, Direkteren, sogar, wie man sehen wird, zum E-motionaleren.

Das geht schon einmal mit den Schriftarten los. Wo früher Zapfino, Snell Roundhand oder Kuenstler Script dahinplätscherten, geht jetzt die Mailpost mit prall animierten Fonts ab. Von allen Seitenrändern fliegen Buchstaben auf den Bildschirm, sie haben die Form von Zuckerstangen, Glühlämpchen oder Tannenzweigen, sie zittern vor klirrender Kälte, in jedem Fall aber tänzeln unwegklickbare weiße Flöckchen um sie herum. Ab Ende November geht es einfach nicht mehr ohne »Christmas Fonts«. Die Klassiker unter den winterlichen Schriftarten sind natürlich immer noch schneebedeckte Buchstaben. Sie lassen auch ernste Inhalte in weihnachtlich-mildem Licht erscheinen:

KÜNDIGUNG
LEIDER MÜSSEN WIR IHNEN MITTEILEN...

Und dann natürlich die Bilder. Ein Bild sagt mehr als tausend Schriften. Nein, andersrum: Ein Bild alleine sagt meistens nichts, trotzdem ist es bunt. Folgerichtig trudeln zum Fest E-Cards mit Flash-animierten Zeichentrickfilmen ein, vornehmlich solche mit tanzenden Rentieren, winkenden Engeln, und, wenns ganz lustig sein soll, kotzenden Nikoläusen. Die permanent quer durchs Bild treibenden Schneeflocken dürfen einen nicht stören, Tinnitus stört irgendwann auch nicht mehr. Das eigene Profilbild wird kühn in weihnachtliche Farben getaucht, digitale Kerzen brennen zischend ab, soundanimierte Emoji beweisen Lockerheit und Humor, und Manga-Schneekugeln wechseln blitzschnell von der Heiligen Familie zu der von Tante Käthe. Mancher Empfänger von so viel Graphikkartenvielfalt stellt deshalb sein Notebook direkt auf den Kaminsims (Pianoforte / Fensterbrett / Nachtkästchen) und lässt es die Weihnachtstage über laufen.

Wer es kurz und knapp mag, twittert. Und zwar, ganz ursprünglich, ohne Bild, mit höchstens 140 Zeichen. Ur-Twitter ist das Gegenteil der bebilderten Bomben, ist Text pur, so pur, wie er in der ganzen Menschheitsgeschichte noch nie erschienen ist. Die Beschränkung auf wenige Zeichen tut in diesen geschwätzigen Zeiten gut, die Jugend grätscht sich mit mehrdeutigen Abbreviaturen durch die Heilige Nacht:

mx

Nur für die über Zwölfjährigen unter uns: »mx« ist die Abkürzung für »Merry X-mas«.

Der erste bekannte Fall von Stalking

Und die Hirten kamen eilend und fanden beide,
Maria und Joseph, dazu das Kind in der Krippe liegen.

(Lukas, 2.16)

Hast du nicht das Gefühl, dass uns jemand auf dem Weg hierher verfolgt hat?«, fragte Maria, als sie sich im Stall eingerichtet hatten.

»Abgesehen von den Hirten habe ich niemanden gesehen«, versetzte Josef.

»Geh mal raus und sieh nach, ob da nicht doch jemand rumschleicht.«

Josef seufzte. Draußen war alles still. Niemand schlich rum. Die Hirten schliefen alle bei ihren Schafen. Die Nacht war sternenklar und ruhig. Nur die Zikaden zirpten. Und ein Käuzchen schrie. Und ein Schakal jaulte.

»Irgendetwas hat geraschelt«, sagte Maria.

Josef suchte den Stall ab, und tatsächlich: In der Ecke, unter dem aufgetürmten Heu, entdeckte er einen Mann mittleren Alters.

»Wie soll ich das erklären – «, stotterte der Mann nervös.

»Wie heißt du?«, fragte Josef unwirsch.

»Lukas. Lukas von Antiocha.«

»Und was tust du hier?«

»Ich bin Arzt – ich hatte Nachtdienst und – bin hier eingeschlafen.«

»Und was tust du mit den Papyrusrollen?«

»Na gut, ich gebe es zu: Ich fand eure Lebensgeschichte bisher ganz interessant, und da dachte ich, ich verfolge euren Weg und lasse mich ein wenig von euch inspirieren – «

Lukas unterbrach mitten im Wort. Alle blickten nach oben, denn im Dachsparren der Hütte hatte es geknackt. Eine wilde Gestalt, die sich wohl die ganze Zeit auf einer Querstrebe festgehalten hatte, sprang herunter auf den Boden.

»Was höre ich da?«, schrie der Mann erzürnt. »*Du* willst die Lebensgeschichte dieser Familie aufschreiben?«

»Markus, lieber Freund! Du hier?«, rief Lukas entgeistert. »Ich hätte geschworen, dass ich dir diesmal zuvorgekommen bin.«

»Dann wird dieser komische Johannes auch nicht weit sein«, rief Markus ärgerlich. Er deutete auf eine bestimmte Stelle am Boden. »Das lose Brett dort ist mir schon die ganze Zeit verdächtig vorgekommen.«

Beide lösten die Diele und zogen eine ächzende Gestalt heraus.

»Warum stört ihr mich?«, rief Johannes weinerlich. »Das war so ein guter Platz zum Lauschen!«

Johannes war der Jüngste von den Stalkern, unruhig irrten seine Augen in der Hütte umher.

»Psst! Leise!«

Lukas bedeutete den anderen zu schweigen. Vorsichtig schlich er zur Tür und riss sie mit einer plötzlichen, kräftigen Bewegung auf. Derjenige, der sein Ohr ans Holz gedrückt hatte, stolperte herein, strauchelte und fiel zu Boden.

»Dachte ich mirs doch! Matthäus«, sagte Lukas spöttisch und half ihm wieder auf die Beine.

»Weswegen bist du denn hier?«, fragte Markus ärgerlich. »Du hast doch wohl nicht auch – «

Matthäus nickte.

»Ja, auch ich habe am Kurzgeschichtenwettbewerb teilgenommen, den Kaiser Augustus ausgeschrieben hat. Und ich hoffe, durch meine genauen Beschreibungen, für die ich bekannt bin, den Sieg davonzutragen. Ich werde übrigens folgendermaßen beginnen – «

Matthäus stellte sich in Pose, Lukas unterbrach ihn.

»Seht euch um, Freunde! Wo sind sie denn hin?«

Sie durchsuchten die Krippe. Die Heilige Familie war verschwunden.

»Wir trennen uns und gehen sie in verschiedene
Himmelsrichtungen suchen«, schlug Johannes vor.

Und so geschah es. Sie sollten Maria,
Josef und das Kind nie mehr sehen.
Aber alle vier hatten viel Phantasie.

Wir warten aufs Christkind

Gerade bei solch einem emotional aufgeladenen Ereignis wie Weihnachten sollte man nicht spitzfindig auftreten, aber ist das im Dezember oft zitierte Sprichwort »Vorfreude ist die schönste Freude« nicht ein ausgemachter Unsinn, vielleicht sogar eine logische Unmöglichkeit? Denn wenn es eine bestimmte Anzahl von Freuden gibt (die Hauptfreude, die Zwischenfreude, die Nachfreude usw.), von denen die schönste die Vorfreude ist, dann heißt das ja im Umkehrschluss, dass all die anderen Freuden, die auf die Vorfreude folgen, nicht mehr ganz so schön, also eigentlich eher enttäuschend sind. Da man das aber während der Vorfreude schon weiß (oder zumindest ahnt), kann die Vorfreude nicht mehr ganz so groß sein. Die Vorfreude auf der einen Seite und alle anderen Freuden auf der anderen reißen einander nun in einer Art negativer Wechselwirkung nach unten, bis am Ende gar keine Freude mehr übrig bleibt. Heiliger Kurt Gödel hilf! Vielleicht sollte man über das ungute Sprichwort einfach nicht so lange nachdenken.

Zurück zur Vorfreude an sich. Keine Religion hat das Warten in ähnlicher Weise zum Kult erhoben wie die christliche. Christen sind nahezu vernarrt ins Warten, sie warten auf alles Mögliche, auf den Jüngsten Tag und die Auferstehung, auf die Vergebung der Sünden und das Ende der Predigt von Pfarrer Wohlgemuth. Das Warten de luxe, das zur puren Lust geronnene Ausharren und sich Gedulden ist schließlich der Advent, der Countdown auf die Ankunft des Herrn. Früher wurde in dieser Zeit zusätzlich auch noch gefastet, das hat sich verflüchtigt, Gott seis gedankt, wie würden sonst Betriebsweihnachtsfeiern funktionieren?

Die vielen Adventsbräuche, die das Warten ritualisieren, sind größtenteils im neunzehnten Jahrhundert entstanden: Adventskränze, Adventskalender, Lichterbögen und Adventslieder, Nikolaus, Weihnachtsmann und erweiterte Ladenöffnungszeiten. Der Advent selbst ist allerdings ausnahmsweise keine Erfindung der Moderne, schon im siebten Jahrhundert soll lustvoll gewartet worden sein. Aus den vielen Adventsbräuchen sei vielleicht nur einer herausgegriffen, nämlich die schöne bäuerliche Tradition der Mettensau. Was ist das? Es wäre jedenfalls eine akzeptable 125 000-Euro-Frage bei »Wer wird Millionär?«. Ist die Mettensau nun:

a) eine verächtliche Bezeichnung für jemanden, der die Christmette schwänzt?

b) ein Schwein, das für Heiligabend gemästet wird?

c) ein spezieller Maschinenkolben bei der Herstellung von Mettwürsten?

d) eine der vielen begrünten Auen rund um die niedersächsische Stadt Mettens an der Mett?

Richtig ist Antwort b). Es läuft auf den Weihnachtsbraten hinaus. Die Mettensau ist ein Schlachtschwein, das von den Bauern in der Vorweihnachtszeit besonders nahrhaft gemästet wurde, es unterschied sich dadurch schon rein optisch von den anderen Tieren, denn es lief mit hoch erhobenem Kopf und glücklich sattgefressen unter den anderen herum. Am Thomastag (21. Dezember) musste es allerdings dran glauben, am 24. Dezember wurde es, gleich nach der Christmette, als Schweinebraten verspeist, daher der Name. Im Alpenland wird die Mettensau oft als »Weihnachter« bezeichnet, das kann dort auch eine Gans sein. Wie auch immer: Ob Gans oder Schwein, die arme Sau fühlt sich wohl, bekommt immer noch einen Extratrog hingestellt, wird fetter und fetter, und meint, nicht ahnend, dass sie sich dem frühen Tod entgegenfrisst, sie bekäme vielleicht deswegen so viele Leckerlis, weil sie die Schönste wäre. Ins Menschliche transponiert hat das aber etwas Philosophisch-Tröstliches. Da wundert man sich, dass manche Menschen groß und stark sind, dass ihnen die Genüsse des Lebens nur so zufliegen, dabei hat das Schicksal gerade etwas ganz anderes mit ihnen vor.

Der Weihnachtsmarkt

Der eine kauft ein bescheidnes Gewächs
Zu überreichen Geschenken,
Der andre einen gewaltigen Strauch,
Drei Nüssen daran zu henken.

(Gottfried Keller, »Weihnachtsmarkt«)

Die alljährliche Klage über die enge Verbindung von Gefühl und Geschäft ist groß. Dabei ist gerade der Weihnachtsmarkt der älteste Brauch unter all den adventlichen Bräuchen. Man könnte fast sagen: Erst war das Geschäft, dann kamen die leuchtenden Kinderaugen und die innere Einkehr dazu. Die folgende historische Auszugsliste zeigt es:

1969: Weihnachtsbriefmarke
1952: Weihnachtsgeld
1931: Weihnachtsmann
1851: Adventskalender
1843: Weihnachtspostkarte
1839: Adventskranz
1834: Glühwein
1830: Christbaumkugeln
1777: Weihnachtsinseln (von Cook entdeckt)

1310: Weihnachtsmarkt (Niklausmarkt in München, erstmals erwähnt)

Also, was soll das ewige Trara um die Kommerzialisierung? Bei Weihnachten ging es von Anfang an um nichts anderes als die klingende Münze. Der eigentliche Weihnachtsmarkt ist aus dem mittelalterlichen Bauernmarkt entstanden, der der ländlichen Bevölkerung Gelegenheit gab, sich für die kalte Jahreszeit mit Lebensmitteln und anderem winterlichen Bedarf einzudecken. Im 14. Jahrhundert wurde Handwerkern, Spielzeugmachern und Korbflechtern erlaubt, Geschenke für Kinder anzubieten. Ab dieser Zeit trat der Weihnachtsmarkt (auch »Glühmarkt« genannt) seinen Siegeszug auf den deutschen Marktplätzen und Fußgängerzonen an.

Und das Geschäft läuft bis heute sehr gut. Die Berliner Zeitung schreibt: »Die Wachstumsraten von Weihnachtsmärkten muten schier chinesisch an. Nach einer Studie der IFT Freizeit- und Tourismusberatung wurden 2012 auf Deutschlands Weihnachtsmärkten 85 Millionen Besucher gezählt. Das sind 70 Prozent mehr als im Jahr 2000.« Nach und nach werden auch andere locations für Weihnachtsmärkte genutzt: Bergwerke, große Weinkeller, Glockengießereien, Innenhöfe von Burgen, Schlössern und Freilichtmuseen. Auf den Markt drängen auch – ei, der Daus! – Mittelaltermärkte und – God help us – Victorian Christmas Markets.

Liebe Außerirdische, gibt es bei euch schon Exkursionen und Pauschalangebote für terrestrische Weihnachtsmärkte? Das ist die Marktlücke! Hier eine Auswahl unserer ausgefuchstesten Rummelplätze der Gemütlichkeit.

Weihnachtsmärkte abseits
vom Mainstream

☆ Santa-Pauli-Markt, Hamburgs »geilster Weihnachtsmarkt«, mit Strip-Zelt und Verkauf von Sexspielzeug. Hier stimmt endlich das Wortspiel (be)sinnliche Weihnachten.

☆ Pink Christmas, schwul-lesbischer Weihnachtsmarkt im Münchner Glockenbachviertel, standesgemäß sind dort alle Buden pinkfarben. Umrahmt von Bühnenshows, Travestie und Gesang. Ein besonderes Highlight sind immer die Eröffnungen: 2016 zum Beispiel mit dem Münchner Oberbürgermeister, der schrillen Entertainerin Gloria Gray und Uschi Glas – gute Zusammenstellung.

☆ Deutschlands höchster Weihnachtsmarkt ist der Christkindlmarkt auf der Zugspitze. Vermutlich ist es auch der kleinste Markt (4 Buden), dafür ist das Panorama recht ordentlich – an klaren Tagen reicht der Blick 250 Kilometer weit.

☆ Veganer Markt in Hannover am Steintorplatz, der Erste seiner Art.

☆ Unterirdischer Weihnachtsmarkt in Traben-Trarbach. Unter der Weinstadt an der Mosel gibt es 22 Kilometer Gewölbekeller, die in der Adventszeit für den »Wein-Nachts-Keller« umgerüstet werden.

☆ Der märchenhafte Waldweihnachtsmarkt in Velen. Mitten im Gehölz beleuchten ihn eine Million Lämpchen.

☆ Das finnische Weihnachtsdorf in Hannover lockt mit echten Lappenzelten (»Kota«). Hier kann man am Lagerfeuer gemütlich zusammensitzen und finnische Spezialitäten genießen: Flammlachse, Rentierwürstchen und Glögi. Einer der abwechslungsreichsten Märkte.

☆ Weihnachtsmarkt in der Ravennaschlucht (Hochschwarzwald). Kleiner, wildromantischer Markt, eingerahmt von steilen, bewaldeten Hügeln, vom 40 Meter hohen Höllentalbahn-Viadukt überwölbt.

☆ Weihnachtsmarkt in der Fluweelengrotte, in der Nähe von Maastricht, Holland. Ein einstiger Steinbruch, mit Wandmalereien und einer unterirdischen Kapelle aus dem 18. Jahrhundert. Stimmungsvoll.

☆ »Weihnachtsmarkt der Wünsche« auf der Leuchtenburg in der Nähe des Porzellan-Städtchens Kahla, Thüringen. Ein Polterabend zur Weihnachtszeit: Man kann Wünsche auf Porzellanteller schreiben, die dann in die Tiefe geworfen werden.

☆ Biedermeier-Weihnachtsmarkt in Werben, Sachsen-Anhalt. Eine Zeitreise ohne Strom, nur mit Kerzen und Petroleumlampen. Besucher kommen gern in Biedermeierkleidung.

☆ Mit viel Strom: Vor dem bunt beleuchteten Schloss Salder bei Salzgitter steigt das Rock 'n' Roll Christmas Concert. Mit Spielzeugbörse.

☆ Anti-Weihnachtsmarkt: »Holy Shit Shopping«. Ein Tourneemarkt, der in Berlin, Hamburg, Köln und Stuttgart ungewöhnliche Locations in »Popup-Kreativhäuser« verwandelt. Verrückte Produkte zu fetzigem Beat.

Nach all diesen Verrücktheiten sei ein Blick auf den ganz normalen, klischeehaft prallen und bunt glitzernden Weihnachtsmarkt erlaubt.

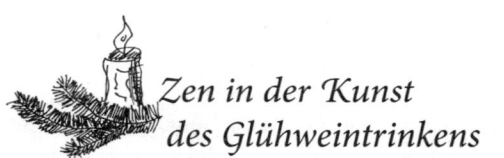

Zen in der Kunst
des Glühweintrinkens

Ein Mönch kommt zu Zen-Meister Joshu und sagt:
»Meister, ich bin noch neu hier im Kloster und möchte
Euch bitten, mich zu unterweisen.« Joshu fragt ihn:
»Hast du schon gefrühstückt?« Der Mönch antwortet:
»Ja, Meister.« »Gut«, erwidert Joshu, »dann geh und
wasch deine Essschalen.«

Herr Nakamura aus Tokio war ein glühender An-
hänger des Zen-Buddhismus und verbrachte jeden
Tag mehrere Stunden mit Meditation und spiri-
tuellen Reinigungen. Dem Europäer ist der tiefere
Sinn dieser Übungen schwer zu erklären, denn Zen
ist eine ganz und gar widersprüchliche Lehre. Herr
Nakamura war Meister des dritten Shao-Grades und
der fünften Kammer der Deng-fang. Oft meditierte
er alleine in den einsamen Ebenen von Kantō. Eines
Tages kam ihm dabei der Gedanke, dass es ja eigentlich keine große Kunst sei, in solcher Abgeschieden-
heit zur Ruhe zu kommen. Man müsste im Gegenteil
einen geräuschvollen, lärmenden Ort aufsuchen, um
die inwendige Stille zu finden. Da es Dezember war,

flog er kurzerhand nach Europa und besuchte dort einen Weihnachtsmarkt.

Er bewegte sich langsam und konzentriert durch die bunte Menschenmenge. Der Lärm war ohrenbetäubend, er wurde gestoßen, angerempelt und weggeschubst. Einen größeren Gegensatz zum Tal von Kantō konnte er sich nicht vorstellen. Aber sein Ziel war es, ein oder zwei Stunden auf diesem Weihnachtsmarkt herumzuwandeln, dort *keine* der Waren genauer zu betrachten, auch sonst *nichts* anzuschauen, *nirgendwo* etwas zu kaufen, *so wenig wie möglich* zu riechen und zu hören, sich *niemals* ansprechen zu lassen und *niemanden* anzusprechen. Und es gelang. Je üppiger ein Stand ausgestattet war, desto mehr zog sich Herrn Nakamuras Blick in Herrn Nakamuras Selbst zurück, je höher der prächtig geschmückte Weihnachtsbaum aufragte, desto versunkener und demütiger schaute er zu Boden und suchte dort im schmutzigen Asphalt die kontemplative Verheißung.

Am schwersten war es, sich den Düften zu entziehen. Glühweindämpfe stiegen wie zuckende Nebelgeister über den Buden auf und senkten sich bedrohlich auf ihn herab. Scharfe Geruchsschwaden von gegrillten Bratwürsten peitschten ihm in die Nase. Süße Aromen von mehrfach frittierten Apfeltaschen nahmen ihm fast den Atem. Es war einfach der Wahnsinn. Doch wie sagte Meister Joshu: »Wenn unser Geist Ruhe findet, verschwindet er von selbst.«

Gerade dadurch, dass immer mehr Reize auf Herrn Nakamura einströmten, konnte er darauf mit großer Gelassenheit reagieren. Auch diesen Widerspruch wird der Europäer kaum begreifen. Es ist eben Zen. Jetzt galt es nur noch, sich den Klängen der Musik aus den Lautsprechern zu entziehen. Das schien der steilste Weg zur Erleuchtung zu sein. Die Musik, die aus den Kaufhäusern drang, vermischte sich mit den Weihnachtsliedern, in die der laute Klang der Kirchturmglocken einfiel, der von den Straßenmusikanten durchwoben wurde.

Und schließlich vernahm er sie, die innere Stille, die vollkommene Versunkenheit in die körperlose Leere. Er stand eine Zeitlang da und genoss das körperlose Schweben, die Verzückung, von der Meister Joshu sagt, dass sie nur nach jahrelanger Meditation und von wenigen Weisen erreicht würde.

Dann lockerte Herr Nakamura sich, ging zu einem Bratwurststand und genehmigte sich zwei fette Rostbratlinge mit extra viel Chillisauce, zudem vier Glühwein mit Schuss und zwei Kirschgeist. Und zwei Lebkuchen mit dickem Zuckerguss. Er kaufte eine

Christbaumkugel und sang Stille Nacht. Das mag dem Europäer jetzt befremdlich erscheinen, aber Zen lebt nun einmal vom Widerspruch.

Nicht zielen, dann triffst du.

(Alte Weisheit aus dem 7. Jahrhundert)

Weihnachtsmuffel

Überzeugte und praktizierende Weihnachtsmuffel haben es schwer. Ihr Kampf gegen die alles niederwalzende natale Maschinerie ist so sinnlos wie der von Don Quijote gegen die Windmühlen. Und sie sind leicht zu widerlegen, die armen Natalophoben. Denn je mehr sie an festlichen Unsinnigkeiten und Widersprüchen zusammentragen, desto spöttischer wird ihnen gerade diese Energie vorgeworfen: »Wenn du so wütend auf das alles bist, lieber Muffel, dann zeigt das doch nur, dass dir das Fest aller Feste furchtbar viel wert sein muss!« Konsequenter Weihnachtsgegner zu sein ist wie, die Schwerkraft in Frage zu stellen. Oder Entscheidungen der FIFA. Da versucht es auch niemand. Bei Weihnachten schon.

Es gibt die fiktionalen Weihnachtsmuffel. Ein lustig anzusehender ist zum Beispiel der Grinch (vom französischen »grincheux«: muffig, übellaunig, bärbeißig, grantig), ein grünhäutiges Monster, das in einer Berghöhle lebt. Die Wurzeln seines Hasses auf Weihnachten liegen in seiner Kindheit, deshalb verkleidet er sich jetzt als Weihnachtsmann und stiehlt die Geschenke der Bewohner des Nachbarortes Whoville. Am Schluss wird er jedoch von seiner Abneigung geheilt, wie sollte es auch anders sein. Das Kinderbuch von 1957 wurde 2000 schön schmutziggrün verfilmt.

Ein noch bekannterer Christmas-Nagger ist der hartherzige Geldverleiher Ebenezer Scrooge. Er treibt sein Unwesen in der Mutter aller Weihnachtserzählungen, »A Christmas Carol« von Charles Dickens. Mr Scrooge hasst alles, seine Mitmenschen, sich selbst, also auch Weihnachten. Doch auch er wird am Schluss bekehrt und feiert mit. Er braucht nur eine Nacht, um seine Meinung von »Bah! Humbug!« nach »God bless us, every one!« zu wechseln. Ein ähnlicher Umschwung ist im Weihnachtsdauerbrenner »Der kleine Lord« zu finden. Der hartherzige Earl of Dorincourt (im Film edelbitter gespielt von Sir Alec Guinness) lässt sich über die Feiertage vom kleinen Ceddie erweichen. Man kann sich vorstellen, dass es keine Weihnachtsfilme gibt, bei denen die Grinches und Scrooges am Ende triumphieren.

Vielleicht wird man bei den Satirikern eher fündig. Die stänkern bekanntlich gegen jeden und alles, also wird Weihnachts-Bashing auch mit dabei sein. Ambrose Bierce, genannt »Bitter Pierce« (»scharfer Stich«), amerikanischer Journalist und Satiriker (1842–1914), notiert in seinem »Wörterbuch des Teufels«:

»Weihnachten: ein besonderer Tag, gewidmet der Völlerei, Trunksucht, Gefühlsduselei, Annahme von Geschenken, dem öffentlichen Stumpfsinn und häuslichen Protzen.«

Woody Allen setzt nach mit:

»Es ist schon das siebte Mal, dass meine Schwiegermutter an Weihnachten zu uns kommt. Diesmal lassen wir sie rein.«

Haben wir im deutschen Sprachraum keinen ausgemachten Weihnachtsmuffel? Wie wäre es mit dem Aufklärer und Klarsprecher Georg Christoph Lichtenberg (1742–1799), der zu den meisten Dingen des Lebens kluge und treffsichere Aphorismen zu Papier gebracht hat? Um das Blättern in der sechsbändigen Gesamtausgabe zu vermeiden, wird das Suchbegriffspaar »lichtenberg&weihnachten« gegoogelt. Aber es erscheint nur die Weihnachtsfeier des Lichtenberg-Gymnasiums in Cuxhaven, die Sonderweihnachtsedition von Lichtenberg bei seinem Verlag und die Homepage des Spitzenkochs Pit Lichtenberg mit Vorschlägen für tolle Weihnachtsmenüs. Bei Lichtenberg selbst: keine einzige Zeile. Hat er uns *ex negativo* damit etwas sagen wollen?

Nach Durchsicht aller Grußkarten der letzten Jahre sind dann doch noch ein paar Weihnachtsspötter aufgetaucht:

> »Die meisten Leute feiern Weihnachten,
> weil die meisten Leute Weihnachten feiern.«
> *(Kurt Tucholsky)*

> »In der heiligen Nacht tritt man gern einmal
> aus der Tür und steht allein unter dem Himmel,
> nur um zu spüren, wie still es ist, wie alles den
> Atem anhält, um auf das Wunder zu warten.«
> *(Karl Heinrich Waggerl)*

Oder war dieses Statement von Waggerl etwa ernst gemeint? Der vor allem im Ausland populäre und hochgeschätzte Weihnachtserzähler Waggerl (»Und es begab sich …«, »Worüber das Christkind lächeln musste«) hat sich selbst als Atheisten bezeichnet, er liebte jedoch das Weihnachtsfest, einfach als Fest. Ist es vielleicht so, dass nur ein Kritiker die Stimmung richtig erfassen kann? Da Weihnachten nun einmal eine christliche Veranstaltung ist, sind vielleicht die Gläubigen anderer Religionen die Weihnachtsmuffel? Aber nein, ganz im Gegenteil: Muslime, Buddhisten und Juden feiern kräftig mit, bei ihnen scheint es eher so, als ob Weihnachten das Einzige wäre, was sie vom Christentum übernehmen.

Weniger versöhnlich gestimmt ist der britische Journalist und Religionskritiker Christopher Hitchens (»Der Herr ist kein Hirte«). Für ihn hat Weihnachten totalitäre Züge: »Ich komme mir vor, als würde ich in einem Ein-Parteien-Staat leben. In jeder Zeitung, in allen Medien die Anrufung immer nur desselben Themas. Auf allen öffentlichen Plätzen, von Bahnhöfen bis zu Kaufhäusern, ein insistierendes Dröhnen immer derselben Propaganda und Musik. Die Kollektivierung der Fröhlichkeit, die zwangweise Verabreichung von Freude.«

Christopher Hitchens weist übrigens darauf hin, dass es nicht einmal besonders rabiate Atheisten, sondern Christen waren, die Weihnachten ganz und gar verboten haben: Unter Oliver Cromwells puritanischem Regime wurden im England des 17. Jahrhunderts keine Christbäume geduldet. 1644 verbot das englische Parlament Weihnachtsfeierlichkeiten. Die Reformierten Kirchen weisen noch heute darauf hin, dass Weihnachten heidnischen Bräuchen entspringt, sie lehnen deshalb eine Feier ab.

Manche Fundamentalisten gehen noch weiter. Sie sehen in Weihnachten, das den Gläubigen 813 n. Chr. von der Amtskirche durch die Synode von Mainz oktroyiert wurde, ein durch und durch anrüchiges Fest, das der Leibhaftige selbst erfunden hat. Der

Stern von Bethlehem wird von ihnen gedeutet als der Morgenstern, also die Venus, die lateinisch als *lucifer* (der Lichtträger) bezeichnet wird. In der Weihnachtszeit ist also Luzifer vom Himmel gefallen. Und der Teufel (dessen Farbe feuerrot ist) hat sich eine besonders perfide Verkleidung auf Erden ausgesucht. Wie spricht er selbst:

> »Ich will zum Himmel emporsteigen und meinen
> Thron über die Sterne Gottes erhöhen und
> mich niederlassen auf dem Versammlungsberg im
> äußersten Norden …«
> *(Jesaja 14,12)*

Und wer bitte kommt aus dem Norden? Niemand anderer als der rotgewandete Weihnachtsmann mit seiner glitzernden Kutsche. Er bringt den Menschen materielle, sündhaft teure Geschenke und sät dadurch Zank und Zwietracht. Auch der Name Nikolaus selbst gibt Hinweise: Im angelsächsischen Sprachraum trägt Luzifer unter anderem den Namen »Old Nick«. *To nick* heißt mopsen, klauen: Er klaut den Menschen die Seele. Und nun geht es Schlag auf Schlag, jedenfalls für diejenigen, die genau hinsehen. Das Anagramm von Santa ergibt Satan. Ins Auge (bzw. ins Ohr) sticht auch der Gleichklang des englisch ausgesprochenen »Claus« mit den »claws«, also den Klauen des Teufels. Und der unerklärliche Ruf des Weihnachtsmanns? Der findet sich (nach Phyllis Siefker, »Santa Claus, Last of the Wild Men«) schon in den mittelalterlichen Mysterienspielen: »In diesen Spielen war die gewöhnliche Einstiegszeile des Teufels – bekannt als das ›Wutgeschrei des Satans‹ – das ›Ho! Ho! Ho!‹« Das x in der Twitter-Botschaft mx könnte also auch das schief in die Erde gesteckte Kreuz bedeuten, ebenfalls ein Symbol des Teufels: »Ho! Ho! Ho! Hier liegt einer begraben, den der Herr der Finsternis geholt hat.« Und was bedeutet dann das m? Mephisto? Weiß der Teufel.

Wer weihnachtsmuffelt aber so richtig? Wer ist gewissermaßen Profi und lässt sich auch nicht umstimmen? Man sagt, dass die Österreicher (speziell die Wiener) das größte Grantlertalent haben. In manchen Wiener Bezirken (zum Beispiel im 5. Bezirk, Wien-Margareten, in dem Hans Moser groß geworden ist) soll eine überdurchschnittliche Dichte an Grantlern, Raunzern, Pessimisten und Knurrhähnen zu finden sein. Dementsprechend gallbitter muss so ein Wiener Weihnachtslied klingen:

Wie diesjahr die Schneeflocken fallen

Wie diesjahr die Schneeflocken fallen,
interessiert mi net.
Und dass die Kirchenglocken klingen,
geht mir aber sowas von am Oasch vorbei.
Die jährlichen Zimtsterndüfte
riech i net.
Die mondbeschienenen Tannenspitzen
siech i net.
Und die großen Kinderaugen sind mir einerlei.
Waffeln und Marzipan
mag i net.
Paranuss und Negerkuss
vertrag i net.
Hoffentlich is Weihnachten bald vorbei.

Weihnachten ironisch feiern

Eine mildere Abart der knallharten Weihnachtsverachtung ist die festlich gestimmte Dauerironie. Der Permanentspaßmodus scheint zwar auf den ersten Blick eine lässige, nachgerade coole Möglichkeit zu sein, über die hochheiligen Runden zu kommen, doch die Weihnachtstage durchgehend augenzwinkernd, pointiert und schlagfertig-originell durchzuwitzeln, ist im Detail äußerst anstrengend. Man stelle sich nur einmal scherzhafte Bemerkungen während der Bescherung des familiären Stille-Nacht-Gesangs oder anderer verletzlicher Seelenlagen vor, zum Beispiel wenn Vaddern die gebratene Gans anschneidet.

Die meisten Versuche, das Fest und seine Einzelteile zu parodieren, sind deshalb zum Scheitern verurteilt. Trotzdem wird es von einigen Unentwegten versucht. In linksalternativen Familien ist es bis heute Brauch, Weihnachten schräg zu feiern, um dessen bürgerlichen Hintergrund zu parodieren und dessen christlichen Ursprung bloßzustellen. Diese verzweifelten Pflichtübungen gehen zurück auf die Studentenbewegung und die außerparlamentarische Opposition der Neunzehnhundertsechziger Jahre. Hier war eine Spaßguerilla am Werk, deren Pointen immer noch nachhallen. In den »Aufzeichnungen der Kommune 2« heißt es beispielsweise:

> »Marion und Eberhard schwebte eine gewaltige Fressorgie vor, etwa so wie in Buñuels Film Viridiana – eine chaotische Vernichtung weihnachtlicher Gefühlsseligkeit und Innerlichkeit. Eike wollte eine besinnliche Gesprächsrunde, in der man hätte nachdenken können, und Dagmar wünschte unbedingt einen Tannenbaum. Sie hatte mit den Kindern zusammen einen Baum gekauft. Und Eberhard meinte, wenn schon Baum, dann müssten die Kinder auch damit machen dürfen, was sie wollen, z. B. ihn zerhacken oder durch die Wohnung schleifen, und Dagmar hatte ein bisschen geweint. Das Ding stand jetzt im Kinderzimmer, und die Kinder hatten anscheinend kein Bedürfnis, den Baum zu zerstören.«

Und was wurde bei den Achtundsechzigern nicht alles versucht, um ja nicht für bürgerlich und spießig gehalten zu werden! Der Spaß-Kommunarde Rainer Langhans (Kommune 1, Dschungelcamp) schreibt über »Heiligabend in der Kommune«:

> »Wir haben weder etwas gekauft, noch etwas aufgehängt, noch Plätzchen gebacken. Wir hatten da einfach eine komplett andere Sichtweise, für uns war das etwas Verlogenes, das wir um jeden Preis stören wollten. Wir haben auch keine weihnachtlichen Hasch-

plätzchen gebacken oder so. Ich meine: Natürlich haben wir Haschplätzchen gebacken, aber nicht speziell zu Weihnachten. Damit hätten wir dem Weihnachtsfest zu viel Ehre getan.«

Also wurde alles Mögliche angestellt, um Weihnachten zu verhunzen, zu parodieren, zu verschrägen. Liebe Außerirdische, so etwas kann nie gelingen, und zwar deshalb nicht, weil Weihnachten an sich schon schräg ist. Das wenige, was aus dem Nebel herausragt, ist eigentlich absurd. Das ist durchaus kein blasphemischer Gedanke. Einer der ersten christlichen Schriftsteller, Tertullian (etwa 150 bis etwa 220 n. Chr.), der sicherlich alles andere als ein ketzerischer Spötter war, bemerkte scharfsinnig und kurz:

CREDO, QUIA ABSURDUM EST

Also in etwa: Ich glaube, weil es unvernünftig (widersinnig, unpassend, ungereimt) ist. Weihnachten wird gefeiert, *weil* es absurd ist. Alle, die schon einmal an einer Betriebsweihnachtsfeier teilgenommen haben, werden das bestätigen. Ironisches Schenken? Weihnachtslieder rückwärts singen? Die Nürnberger Lebkuchen mit Senf füllen? Den Weihnachtsbaum mit Ostereiern schmücken? Das ist alles nicht absurder, als Weihnachten ganz stinkenormal und konventionell zu feiern.

Die Frage, was nun eigentlich der größere Witz ist: Weihnachten selbst oder der Witz über Weihnachten, führt in die kunstvoll vertrackte Denkweise des Dadaismus. Diese Kunst- und Literaturepoche blühte leider nur im kurzen Zeitraum von 1916 bis 1922. Und doch regte sie viele Künstler an. (Pablo Picasso, Ernst Jandl, Karl Valentin, …) Dada stellt gefestigte Normen und Überlieferungen in Frage, verwendet aber traditionelle Zeichen und Muster, rückt sie nur durch Übertreibung und ungewohnte Betonung in ein anderes Licht. Dada nimmt den Unsinn wirklich ernst. Einer der bekanntesten Dadaisten, Hugo Ball, hat am 31. 5. 1916 in Zürich sein »Simultanes Krippenspiel« aufgeführt. Es besteht lediglich aus Geräuschen und wurde vorgetragen von Hans Arp, Hugo Ball, Emmy Hennings, Marcel Janco, Marietta di Monaco und Tristan Tzara:

Ein Krippenspiel. Bruitistisch
I. Stille Nacht.
Der Wind: f f f f f f f f f fff f ffff t t
Ton der heiligen Nacht: hmmmmmmmmmmmm mmmmmmmmmmmmmmmmmmmmmmmmm

Mehr soll an dieser Stelle nicht verraten werden. Wenn man allerdings in den Sog des Dadaismus gerät, liebe Außerirdische, dann verliert der Unsinn plötzlich jegliche Sinnlosigkeit, und umgekehrt bekommt auch der totale Sinn etwas absolut Loses. Schreiben über Dada gerät Zeile für Zeile dadaistischer, und der so beschriebene -ismus ist bald keiner mehr. Christmas ist X-dada. Und so bleibt bloß noch die Kugel:

Weihnachtsstress

Wir wollen uns wieder mal zanken,
Auf etwas hacken wie Raben,
Daß unsre zufriednen Gedanken
Eine Ablenkung haben.

(Joachim Ringelnatz)

Das Marktforschungsinstitut GfK ermittelte 2009, dass rund 20 Prozent aller Deutschen strikt gegen Weihnachten sind, und zwar nicht aus religiösen, ideologischen oder sonstigen prinzipiellen Gründen, sondern weil es ihnen schlichtweg zu stressig ist. 24,6 Prozent der Befragten gaben an, dass sie die Weihnachtsfeiertage massiv unter Druck setzen würden, sei es wirtschaftlich, nervlich oder gesundheitlich. 20,5 Prozent gaben an, sie könnten Weihnachten nicht so feiern, wie sie es selbst gerne möchten. Daher würden 18,6 Prozent der Deutschen Weihnachten am liebsten gleich ganz abschaffen. Bemerkenswert ist, dass diese Statistik damals in kaum einer größeren Zeitung aufgetaucht ist, kein Blatt wollte als Miesepeter dastehen.

Der selbstgemachte und dauerbeklagte Weihnachts-stress ist allgegenwärtig, und ausdrucksstarke kleine Dingsymbole dafür sind die zarten Knospen der weihnachtlichen Barbarazweige. Nicht etwa der Brauch des Luzienweizens hat sich durchgesetzt: Hierbei wird am 13. Dezember zu Ehren der Hl. Lucia (»die Lichtvolle«) Weizen in einen Teller mit Erde, Wasser und einer Kerze gegeben, die Halme erreichen bis Weihnachten etwa Handspannen-höhe. Ernteertragsvoraussagen sind möglich, aber nicht zwingend nötig, man freut sich darüber, dass der Weizen überhaupt aufgekeimt ist. Nein, getreu der Bauernregel »Knospen an St. Barbara, sind zum Christfest Blüten da« werden am 4. Dezember Zweige in der Hoffnung geschnitten, dass diese pünktlich an Heiligabend Blätter und Blüten ausgebildet haben werden. Der Barbara-Brauch mit dem fixen Ziel-termin hat sich gegenüber dem entspannten Lu-cien-Weizenbusch durchgesetzt. Im betrieblichen Projektmanagement nennt man solch einen Vor-gang einen »Release-Termin«, also ein »Vorhaben zur Realisierung einer Menge definierter Ergebnisse entsprechend vereinbarter Qualitätsstandards und terminlicher Anforderungen«. Stress! Wehe, wenn die Zweige an Heiligabend nicht blühen! Dann steht Unglück ins Haus. In Niederösterreich zum Beispiel werden zusätzlich noch beschriftete Namenszettel an die Zweige gehängt. Wessen Zweig als Erstes knospt, der hat im darauffolgenden Jahr Glück. Und die anderen Familienmitglieder? Die sitzen dann wohl traurig in der Runde. Darwin ist überall, auch in Niederösterreich. Barbarazweige müssen auch, je nach Region, für Ernteorakel und zur Vorhersage von Lottozahlen herhalten. Um das Verborgene möglichst deutlich sichtbar zu machen, nimmt man sie in die Christmette mit, um sie dort weihen zu lassen. In einigen anderen Landstrichen ist es üblich, dass junge Frauen, die mehrere Verehrer haben, entsprechend viele beschriftete Barbarazweige aufstellen. Der Zweig, der als Erstes treibt, weist schließlich den Weg zum richtigen Mann oder gar zum künftigen Bräutigam. An der Zahl der Knospen lässt sich die Zahl der Kinder ablesen. Stress, Stress, Stress.

Weil also sehr viel davon abhängt, wird viel Aufwand betrieben, damit die geschnittenen Frühjahrsblüher genau am 24. Dezember in voller, interpretierbarer Pracht dastehen. Mögliche Sträucher sind Kirsche, Apfel, Flieder, Haselnuss, Johannisbeere, Birke, Weide, Schlehe, Goldregen, Ginster und viele andere mehr, meist dient jedoch ausgerechnet die gemeine Forsythie als Orakel, »die Ratte unter den Pflanzen«, wie Wiglaf Droste sie bezeichnet hat. Und jetzt warten Hunderte von Garten- und Blumenratgebern mit Tausenden von Tipps auf: Man soll die vor Sonnenaufgang abgeschnittenen Zweige vorsichtig mit dem

Hammer anklopfen, sie erst einige Tage in einem kühleren Raum wässern, dann in einer Vase mit wärmerem Wasser ins warme Zimmer stellen (um auf diese Weise listig das Frühjahr vorzutäuschen), alle drei bis fünf Tage das Wasser wechseln, und schließlich, wenn es in diesem Dezember zu warm ist, die Zweige für ein paar Tage in die Gefriertruhe legen, weil die Blüten für ihr Wachstum einen winterlichen Kälteschock brauchen. Ist vielleicht sogar noch ein Pflanzenpsychologe nötig? Oder ein Knospenschamane?

Weil das Aufblühen eines Zweiges aber ein ziemlich deutliches und dralles Fruchtbarkeitssymbol ist, nimmt ein weiterer weihnachtlicher Brauch rund um aufblühende Zweige nicht wunder. Das Pfeffern, auch Fitzeln oder Pfitzen genannt, wird zwischen dem 26. Dezember und Neujahr veranstaltet. Der 2. Weihnachtsfeiertag geht schon einmal schmerzhaft los. Mit leicht ausgetriebenen Ruten von Wacholder- oder Mistelzweigen schlagen aufknospende Jugendliche ihren Mitbewohnern auf Füße und Gesäß, spielerisch natürlich, dann geht es damit auf die Straße. Der »Zedler, Grosses vollständiges Universal-Lexicon aller Wissenschafften und Künste« (1732–54) schreibt dazu:

»Pfeffern, wird dasjenige genennet, welches an manchen Orten am andern Weynachts=Feyertage zu geschehen pfleget, da nemlich die Kinder ihre Freunde
und Bekannten besuchen, und selbige mit gelinden
Ruthen hauen, worauf sie von ihnen einige Geschen-
cke bekommen; ja sie lauffen wohl gar auch mit Ruthen auf den Gassen herum, und fallen unbekannte
Leute an.«

Der symbolgeladene Gedanke dahinter ist der, dass
sich die Kraft der austreibenden Zweige auf die damit
berührten jungen Leute übertrage und sich günstig
auf deren Fertilität auswirke. Ungepfefferte Mädchen
und Burschen hatten deshalb einen schlechten Ruf.
Als Geschenke wurden Lebkuchen verteilt, der Ausdruck »Pfefferkuchen« kommt wohl daher. Da dieser
Brauch sehr stark ausartete, wurde er im 16., 17. und
18. Jahrhundert mehrmals verboten. Sprüche zum
Pfeffern sind bis heute bekannt, z. B. in Oberfranken,
der Oberpfalz und im ehemaligen Ostpreußen: »Fit-
zelregen, Kindersegen«.

Zum Fruchtbarkeits- und Liebeszauber um den Jahreswechsel gibt es noch andere Beispiele. Man denke
an den hängenden englischen Mistelzweig, unter
dem ein Kuss gleich ein Heiratsversprechen bedeutet. Kommt also in der Weihnachtszeit zum üblichen
Stress auch der Romantikdruck dazu? Lernen sich da

die Paare kennen? Das eben nicht, ganz im Gegenteil. Nach dem »Jacobs-Krönung-Trendcheck« zum Thema »Verlieben« funkt es im August besonders oft, erst auf dem zweiten Platz liegt der angebliche Wonnemonat Mai. Dann folgen in einigem Abstand April und September. Schlusslichter sind Juni, und – Mistelzweige hin oder her – Dezember und Januar. Genau umgekehrt ist es beim Schlussmachen und Beenden von Beziehungen. An Weihnachten verdoppeln sich die Zugriffszahlen auf Websites über Scheidungsrecht. Eine Studie des online-Magazins »Das Beraterteam« hat zwei Häufungen gefunden. In der Vorweihnachtszeit trennen sich besonders viele Paare. An Heiligabend selbst am wenigsten, nach Silvester schnellt es wieder hoch, dann in den Osterferien, eine kleine Häufung gibt es noch in den Sommerferien.

Nach dem Heimatkundigen Georg Lohmeier war es in ländlichen Gegenden Bayerns bei jungen Paaren häufig der Brauch, sich ein paar Wochen vor Weihnachten ganz bewusst zu trennen, um sich die teuren Weihnachtsgeschenke zu ersparen. Am Heiligdreikönigstag versöhnte man sich wieder. Wenn das kein Vorschlag zur Stressbeseitigung ist.

Weihnachtsbeleuchtung

Die Geschichte der Zähmung des Lichtes, also die der menschlichen Beleuchtungskultur ist lang, sie reicht von den ersten offenen Feuerstellen (50 000 v. Chr.) über die Erfindung der Kerze (100 n. Chr., natürlich von den Römern) bis hin zu Edisons Glühlampe (1879) und der LED (1962). Meist ist das, was be-leuchtet wird, nebensächlich, das Leuchten an sich hat so viel Symbolkraft und sinnstiftende Wucht, dass immer wieder neue Erfindungen von immer größeren und bestaunenswerteren Leucht-, Licht- und Strahlquellen gerechtfertigt sind. (Wo soll das eigentlich noch hinführen? Mit der Leuchtkraft? Das ist eine Frage an euch, liebe Aliens.) Und immer ist die momentane Zeit natürlich die beleuchtenswerteste und erleuchtetste.

Wer meint, das übliche Lichtermeer westlicher Städte lasse sich nicht mehr toppen, betrachte diese in der Vorweihnachtszeit. Ein Hausbesitzer, der sich der Illumination entzöge, stünde als übler Spielverderber da. Deshalb werden selbst verkrüppelte Alleebäume und dürre Hecken mit Lichterketten vollgewickelt, auf jeder Zaunspitze prangt ein glühnasiger, funkensprühender Zaunhocker und in den Fenstern blinkt, flimmert und irrlichtert es, was die Beleuchtungsindustrie hergibt. Seid umschlungen, Koniferen! Die Innenräume von Restaurants und Kaufhäusern sind ohnehin eine Orgie der Helligkeit. (Nebenfrage: Wo kommt eigentlich die ganze Weihnachtsdeko den Sommer über hin? Der Keller- und Speicherraum, der verbraucht wird, um Leuchtmittel samt Zubehör in Deutschland zu verstauen, muss etwa die Größe des Saarlands haben.) Vor den Häusern sind flakscheinwerferartige Lichtkanonen aufgestellt, und sie tauchen alles in Gleißend, was nicht niet- und nagelfest ist. Dahinstiebende Rentiergespanne etwa oder kletternde Nikoläuse – aber die sind ja inzwischen schon wieder peinlich. In den meisten Fällen ist das Angestrahlte gar nicht so wichtig, sondern die blanke Wattzahl, mit der der Hauswirt oder die Gemeinde protzt.

Die ganzen Blinkschaltungen und Glitterfeuerwerke sind wohl auf den Stern von Bethlehem zurückzuführen. Auch hierzu gibt es natürlich eine Bibelstelle:

»Als Jesus zur Zeit des Königs Herodes in Bethlehem in Judäa geboren worden war, kamen Sterndeuter aus dem Osten nach Jerusalem und fragten: Wo ist der neugeborene König der Juden? Wir haben seinen Stern aufgehen sehen und sind gekommen, um ihm zu huldigen. … Und der Stern, den sie hatten aufge-

hen sehen, zog vor ihnen her bis zu dem Ort, wo das
Kind war; dort blieb er stehen.«
(Matthäus 2,1–9)

Für den Stern von Bethlehem wurden schon mehrere
natürliche Erklärungen zusammengetragen: Halley-
scher Komet (12–11 v. Chr.); große Konjunktion im
Sternbild Fische (7 v. Chr.); komplexe Konstellation
von Sonne, Jupiter, Venus und Mond im Sternbild
Widder (6 v. Chr.); zwei verschiedene Konjunktionen
von Venus und Jupiter (3–2 v. Chr.); am Ende sogar
eine Nova oder Supernova (5 oder 4 v. Chr.). Das rein
symbolische Verkündigungsmotiv des hellen Sterns,
der Licht ins Dunkel bringt, ist jedoch so mächtig,
dass man auch in diesem Fall eine natürliche Erklärung gar nicht hören will.

Es gibt jedoch auch die Illuminatoren und Lichtex-
zessler im Kleinen. Sie tauchen die unscheinbare
Weihnachtskrippe in heiligen Glanz. In jeder Familie gibt es einen, und er bastelt das ganze Jahr daran,
das Jesuskind ins rechte Licht zu rücken. Drähte
dürfen nicht sichtbar sein, Ehrensache, sie werden
unter dem Holz verlegt, besser natürlich unter Moos,
wobei davon immer zu wenig da ist. Die Batterien
stehen hinter der Krippe, womöglich auch verkleidet
und kaschiert durch einen Busch.

Jetzt tauchen gestalterische Fragen auf: Soll die Hauptperson durch eine an der Decke hängende kleine Stalllaterne erleuchtet werden (1,5-Watt Glühbirnchen, gelblich) oder soll der Glanz, wie bei Corregios »Heiliger Nacht«, vom Jesuskind selbst ausgehen? (7,5 Watt, klarweiß?) Kompromiss ist ein winzigkleiner Heiligenschein, der mit einer leistungsstarken Spezialbirne erzeugt wird. Die Fassung des kleinen LED-Kranzes füllt das ganze Köpfchen aus, die Bohrungen lassen das Holz oft splittern – drei Jesusse müssen pro Saison dran glauben. Dann aber, nach monatelangem Ausleuchten, das Ergebnis: Auf den ersten Blick ist es eine schummrig erleuchtete Hütte, mit leichtem Flackerlicht, das von den Fackeln an der Stallwand herrührt. Der Stern von Bethlehem auf dem Hüttendach strahlt diffus, wie weit entfernt. Das Lagerfeuer der Hirten außerhalb des Stalls wabert rötlich, es sieht immer ein bisschen wie ein Rotlichtbezirk in klein aus, aber anders kann man Feuer eben nicht darstellen. Auf Knopfdruck aber erstrahlt der Heiligenschein. Ein wahrhaft erhebender Moment, vor allem, wenn das auch noch, per Fernbedienung, mit einem Sound-Effekt gekoppelt wird. Die hinter der Krippe verborgenen Lautsprecher mit Bass-Zusatzboxen wummern »Last Christmas!« von »Wham!«. Und es kommt einem fast so vor, als ob sich die Lippen des violett beleuchteten Verkündigungsengels bewegten.

Weihnachtsgedudel

Dies ist das schöngeschwungene Notenzeichen für eine musikalische Pause, genauer gesagt für eine Viertelpause. In dieser Zeit hat der Instrumentalist oder Sänger, das Orchester oder der Chor zu schweigen (und der Hörer sein Husten zu unterdrücken). Thomas Mann hat solch eine bedeutungsvolle und zwingende Pause in »Weihnachten bei den Buddenbrooks« treffend beschrieben:

> »Der klare Akkord verhallte, und eine tiefe Stille legte sich über Säulenhalle und Landschaftszimmer. Die Mitglieder der Familie blickten unter dem Drucke der Pause vor sich nieder; nur Direktor Weinschenks Augen schweiften keck und unbefangen umher, und Frau Permaneder ließ ihr trockenes Räuspern vernehmen, das ununterdrückbar war ...«

Solch eine Pause täte auch im durchgedudelten Weihnachtstrubel wohl. Vor dem bibelbasierten allgegenwärtigen Leuchten und Blinken kann man ja noch die Augen verschließen, aber dem wie aus

Schmutzkübeln ausgeschütteten Geräuschterror ist nur mit Kopfhörer, Ohropax oder Odysseus-Sirenenwachs beizukommen. Du steigst ins Taxi, schlabbidua. Du gehst ins Kaufhaus, schlabiduwawa. Du betrittst die Kneipe, dubiduaba. Du durchstreifst die Fußgängerzone, schallaladua. Du fährst im Fahrstuhl hoch. Schabdabiduab-boom-boom.

Sogar die Gewerkschaft Verdi hat sich schon eingeschaltet und Lärmpegelmessungen durchführen lassen in den Kaufhäusern und Geschäften, aus Sorge um die Permanentbeschallung der Angestellten. Anlass zur Klage gibt hierbei die reine Lautstärke, um die Qualität der Musik kümmert sich Verdi jedoch nicht. Wie auch. Da die Menschen nun mal verschiedene, mitunter konträre Musikgeschmäcker haben, ist die Chance, bei ungefragt ertönender Musik genervt zu sein, relativ groß. Professionelle Dauerberiesler, die geschmackvolle Zusammenstellungen (»compilations«) von Gedudel anbieten, versprechen Weihnachten rund um die Uhr, ohne Werbepause, mit dem Perma-Schubiduaab. Hier könnte man froh sein, wenn mal ein bisschen Werbung erklänge, ein beherzter Hinweis auf »Saitenbacher Müsli« etwa.

Sieht man von Ohrstöpseln aller Art ab, gibt es noch eine weitere Möglichkeit, sich dem Getöse zu entziehen: Man singt selbst, zum Beispiel in einem Chor.

Chöre suchen gerade in der Weihnachtszeit Mitglieder. Vor allem Tenöre und Altistinnen. Schon nach ein paar Wochen Gospelchor kann man an Heiligabend ein bisschen angeben in der Familie: Man hat sich eine kräftige, protzig schnarrende Tenorstimme oder einen engelsgleichen Sopran antrainiert, man ist jetzt auch fähig, im Familienkreis zu »Stille Nacht« kontrapunktisch eine zweite oder dritte Stimme zu singen. Ist man erst einmal Mitglied in einem Weihnachtschor, dann wird dort auch ganz bestimmt der äußerst beliebte karibische Weihnachtsgospel »Virgin Mary« gesungen. Die einzig gültige Aufnahme ist übrigens die vom »Kingston Trio«, das auch das bekannte »Hang down your head, Tom – – – Dooley« eingesungen hat, ja, die Pause muss so lang sein. Auch in »Virgin Mary« ist solch eine schöne Pause zu finden:

> ♫ The Virgin Mary had a baby boy
> The Virgin Mary had a baby boy
> The Virgin Mary had a baby boy
> And they say that his name is – – – Jesus.

In der Viertelpause zwischen »is« und »Dschisass« liegt die ganze Karibik. Mehr noch: der ganze Warteadvent, das ganze christliche Sehnsuchtsritual, die Hoffnung auf die Erlösung.

Ein Chorleiter legte großen Wert auf diese Pause, und er verfügte, dass derjenige, der dort reinsänge, einen Euro in die Chorkasse zu zahlen hätte. Und keine Chorprobe verging, in der nicht ein abgelenkter Tenor, eine schusselige Sopranistin, eine strickende Altistin, ein unkonzentrierter Bass die Synkope nicht beachtet hätte. Die Chorkasse füllte sich. Alle Mitglieder des 60-köpfigen Klangkörpers dachten sich eine Revanche für die 1-Euro-Schikane aus. Dann rückte der Tag der Aufführung näher. Gespannte Erwartung. Großer, gefüllter Saal. Toller Groove. Das Lied kam. Und der Chor sang die letzte Zeile:

♪ And they say that his name is – – – – – – – – – – – –

Nichts, kein dschisass, keine Erlösung, der Chorleiter ruderte verzweifelt mit den Armen, er blickte flehentlich, doch der letzte Ton blieb ungesungen. Der Chorleiter selbst? Schweres Trauma. Er irrt heute noch ziellos durch die Welt. Als Versicherungsvertreter, Gemüseverkäufer, Gelegenheitskrimineller, keine Ahnung. Wenn ihr ihn treffen solltet, liebe Aliens, dann flüstert ihm bitte das fehlende Wort zu: DSCHISASS.

Weihnachten und Mode

In den USA wird seit ein paar Jahren immer am dritten Freitag im Dezember der »National Ugly Christmas Sweater Day« gefeiert. Dabei ist es ein absolutes Muss, einen hässlichen oder geschmacklosen Weihnachtspullover zu tragen, sei es privat, sei es am Arbeitsplatz. Beliebte Motive sind glitzernde Tannenbäume, leuchtende Sterne und lodernde Kaminfeuer. Eingearbeitete LEDs lassen den Pullover blinken, flimmern und glühen, je greller, desto besser. Das Ganze dient allerdings einem guten Zweck. Das Motto der nach unten gerichteten Haute Couture lautet: »Make the world better with an ugly sweater.«

Den Ur-Ugly-Sweater (in Großbritannien heißt er »Ugly Jumper«) trägt Colin Firth im Film »Bridget Jones« (2001). Renée Zellweger reagiert entsetzt, als sich ihr vermeintlicher Traummann umdreht und einen Rollkragenpullover mit einem Comic-Elch als Frontprint präsentiert: Elch macht schlank. Die wächsernen Royals in Madame Tussauds Kabinett wurden ebenfalls weihnachtlich umdekoriert, ja, keine Sorge, alles mit Erlaubnis der Queen. Denn Hintergrund ist die Spendenaktion »Save the children«. Eine wirklich schöne Hässlichkeit stellt der

Partnerpulli von Prinz William und der Herzogin von Cambridge dar, mit Christbäumen und gelben Lebkuchenmännchen verunziert, (schmerzhaft) ins Auge sticht auch das Oberteil von Königin Elisabeth, auf dem ein extrafetter Welsh Corgi prangt. Ein dicker Hund. Doch auch Whoopi Goldberg ist seit Jahren mit von der Wohltätigkeitspartie, sie hat sogar eine eigene Weihnachtspullover-Kollektion designt – die sie auch selbst trägt. Es muss wohl ein unstillbares Bedürfnis geben, einen (freiwillig oder unfreiwillig) hässlichen Weihnachtspulli im Schrank liegen zu haben. Jeder Fußballverein bietet inzwischen einen solchen auf seiner Fanseite an. (Wer um Gottes willen hat zum Beispiel den von Bayern München gestaltet?) Die wirkliche Haute Couture, von Jil Sander bis zu den Cats Brothers, zieht nach. Hier feiert der längst totgeglaubte Norwegerpulli seine Rückkehr auf den Laufsteg. Der sehenswerte Christmas-Blog »weihnachtspullover.info« zeigt, dass die Zuschreibungen hässlich/ausgefallen/cool fließend ineinander übergehen. Die »Welt« erfindet das Motto dazu: »Jeder kommt auf seinen Geschmack, vorausgesetzt, er hat keinen.«

Da darf man sich schon die Frage stellen, welche Kleidung Maria und Josef eigentlich an dem bewussten Abend getragen haben. In der Bibel findet man dazu kein Sterbenswörtchen, vielleicht sind ja die entsprechenden Quellen verlorengegangen. Oder sie wurden von der Amtskirche unterdrückt. In den bildlichen Darstellungen sind die beiden jedenfalls immer in blitzsaubere, makellose Gewänder gehüllt, der Faltenwurf ist klassisch, fast immer trägt Maria blau, ultramarinblau, lapislazuliblau.

Ihr wundert euch jetzt sicher, liebe Aliens, wie ich so plötzlich und in einem Atemzug von den hässlichen Weihnachtspullis der Royals zu Marias makellosem Mantel gelange, aber bei uns Erdlingen gilt das Sprichwort *Per aspera ad astra*, also etwa: Über raue Pfade gelangt man zu den Sternen.

In der Kunstgeschichte trägt Maria auffallend oft blau. Schon die um 1448 entstandene »Madonna im Rosenhag« des Kölner Malers Stephan Lochner zeigt die Muttergottes in einem blauen Gewand. Blau wurde zunächst deshalb gewählt, weil es eine schwer zu beschaffende, wertvolle Farbe war. Das Pigment ist zudem sehr beständig. Weltliche und kirchliche Auftraggeber legten bis ins 16. Jahrhundert sogar vertraglich fest, das hochwertige Ultramarin in Kunstwerken zu verwenden. Auch ist die Symbolik der Farbe äußerst positiv besetzt. Blau ist die Farbe des Himmels und des Meeres. Es wird oft mit Tiefe, Ruhe, Stille, Aufrichtigkeit, Stabilität, Vertrauen, Treue, Loyalität, Weisheit, Intelligenz, Glaube und

Wahrheit verbunden. (Heutzutage wird Blau in der Werbung und im Design für Produkte und Dienstleistungen rund um Sauberkeit und Hygiene verwendet. Bei Hightech-Produkten vermittelt sie Präzision.) Blau ist also die Farbe der Guten. Die Bild-Zeitung will es noch genauer wissen:

> »Wie sah Marias Mode aus, ihr Lifestyle?
> Eine Frau ihres Standes trug keine modische Kleidung, nur Arbeitskleider. Meist ein naturfarbenes Kleid aus Flachs (Farben waren zu teuer). Darüber eine schlichte Decke, die gegen Regen und Kälte schützte und praktisch war, wenn Maria Wasserkrüge auf dem Kopf transportierte.«

Aber so wollen wir uns das gar nicht vorstellen. Maria muss einen lapislazuliblauen Mantel getragen haben. Hunderte von Renaissancemalern können nicht irren. Vielleicht hatte Maria ja einen im Koffer mitgenommen und sich für die Heilige Nacht im Stall dann umgezogen.

Das Christkind rät –
glückliche Kinderaugen leichtgemacht

An Weihnachten musst du ganz viel staunen und dich freuen. Sonst sind Papi und Mami traurig. Das kann aber manchmal ganz schön anstrengend sein. Deshalb ein paar Tipps. Schminke hilft da. Geh mal ins Bad und schau bei Mamas Schminksachen nach, da findest du einiges, was du brauchen kannst.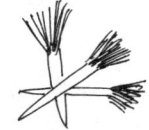

Wasch dich zuerst. Ein schmutziges Gesicht strahlt nicht. Wenn du dich gewaschen hast, gehts los. Weihnachten schminkst du dich nicht wie sonst als Katze oder als Monster: Das kannst du nach den Feiertagen wieder machen.

 Denn diesmal kommt es auf die Augen an. Zuerst schau dich im Spiegel an. Sind deine Augenbrauen auch schön glatt? Buschige Augenbrauen können dir den ganzen Weihnachts-blick verderben. Bestreich sie mit Niveacreme, bis sie glänzen. Das macht deine Augen schon mal größer.

Jetzt kommt die Farbe für die Haut dran. Am besten, du guckst nach, was bei Mama so im Schrank steht. Schmier dir das ganze Gesicht mit der hellen Grundfarbe voll. Du siehst jetzt zwar aus wie ein Gespenst, aber jetzt gibst du Puder drüber. Schon siehst du wieder aus wie vorher, bloß dauerhafter.

Jetzt kommt die rote Farbe für die Engelsbäckchen. Trage sie zwischen Wangenknochen und Ohr auf, aber nicht zuviel. Wenn du wie der Kasperl aussiehst, wasch dich und fang noch einmal von vorne an.

Jetzt kommt die Farbe für die Augen. Die malt man auf die Augendeckel, und zwar als kleine Banane. Schau, dass du gleich viel Farbe bei beiden Augen hinbekommst, sonst siehts so aus:

Dann nimmst du den schwarzen Kajalstift. Am besten, du siehst zuerst bei Mami zu, wie die das macht. Trage nicht zu dick auf. Wenn du wie ein Zombie aussiehst, wasch dich wieder.

Schau dich im Spiegel an. Was jetzt im hellen Badezimmerlicht noch total blöd aussieht, ist im Kerzenlicht der Hammer.

An Heiligabend selbst, wenn du dann statt dem Game Boy Advance mit dem 32-Bit-ARM-RISC-Prozessor die veraltete Fassung vom Vorjahr bekommen hast und total zornig bist, hast du immer noch das glückliche Kindergesicht auf. Und deine Eltern freuen sich wie Bolle.

Weihnachten und Karneval

Beim »Red Nose Day« kommt einem erst einmal die rote Nase des Rentiers Rudolph in den Sinn, vielleicht denkt man auch an die karmesin- und purpurnasigen Glühweinschlürfer auf dem Weihnachtsmarkt. Oder an die saisonüblichen Erkältungsgesichter und Schnupfenköpfe. Doch beim Red Nose Day, der seinen Ursprung im Vereinigten Königreich hat, geht es um Clownsnasen, die sich die Comedians, die Ritter von der grottenlustigen Gestalt, für einen guten Zweck umschnallen. Ein Fernsehsender hat die Idee nach Deutschland geholt, das Motto lautete: »Tut was Verrücktes und sammelt Geld!« Am 22. Dezember 2007 hieß die Show »Quatsch goes Christmas«, auch Sonya Kraus durfte dabei nicht fehlen. Selten kamen sich Karneval und Weihnachten so nahe.

In anderen Ländern berühren sich die beiden Großereignisse ebenfalls gelegentlich. In England trägt man beim traditionellen Truthahnessen am ersten Weihnachtsfeiertag häufig spaßige Papp-Hüte und zündet Knallfrösche. Gegen 15:00 Uhr sitzt die ganze Familie vor dem Fernseher, um sich die jährlich stattfindende Weihnachtsansprache der Queen an den Commonwealth anzuschauen. Immer noch in Papphütchen? Auf jeden Fall vermischen sich hier weihnachtliche Behaglichkeit und karnevaleske Ausgelassenheit wie selbstverständlich. Auf dem Kontinent blitzt diese Vermischung auch ab und zu auf.

Im deutschen Weihnachtsfilm »Alles ist Liebe« von 2014 (ein Remake der englischen Komödie »Tatsächlich ... Liebe«) geht es um Liebes- und Beziehungsprobleme in der Adventszeit in Frankfurt. Wenn man den Ton wegdreht, glaubt man, es ist gerade Karneval in Frankfurt, so ist die Farbgestaltung, und so verhalten sich auch die Figuren.

Manchmal berühren sich das Seelenvolle und das Ausgelassene noch krasser. Das schon erwähnte altehrwürdige Adventslied »Tochter Zion, freue dich« (im Original noch prächtiger: »See the conqu'ring hero comes«) wird zu Karneval und auf Schützenfesten häufig als Stimmungsmacher verwendet. Der Spielmannszug Olpe hats zum Beispiel drauf. Wenn bei Schützenfesten der neue Schützenkönig ausgerufen wird, grölen alle: »Tochter Zion, freue dich. Sieh, dein König kommt zu dir.« Mancher Pfarrer hat schon dagegen gewettert, aber es nützt nichts, gegen Karneval hat auch die Kirche kein Mittel. Sogar Ludwig van Beethoven hat das hehre Lied in heiterer Weise bearbeitet, in seinen »12 Variationen für Klavier und Cello«. Bei den vielen turbulenten und durcheinanderpurzelnden Klavierläufen kann man direkt sehen, wie Konfetti und Bonbons in die Luft geworfen werden. Religiös weihevoll ist das Lied jedenfalls nicht mehr. Beethoven ist in Bonn geboren, war also Rheinländer. Dort mischt man solche Ereignisse ohnehin leicht und locker: Ob Karneval, Fronleichnamsprozession, Christopher Street Day oder Gang zur Christmette, es gilt der Spruch: »Hauptsache, d'r Zoch kütt.«

Und es ist auch gar kein so ungleiches Pärchen, das Weihnachtsfest und das Faschingsfest. Beide sind heidnischen Ursprungs, in beiden Fällen sollen böse Wintergeister verjagt werden. Das restliche Jahr über wird brav gearbeitet, dann aber herrschen die beiden Ausnahmezustände. Es ist gleichermaßen die Hoch-Zeit der Bräuche und Inszenierungen, Verstellungen und Kulissenschiebereien. Aber ist denn das Karnevalstreiben nicht wesentlich lockerer? Von wegen! Die sogenannte fünfte Jahreszeit war immer schon eine strikt reglementierte Brauchtumsveranstaltung mit monatelang vorbereiteten Umzügen, strengen Kostümvorschriften und vor allem dem Zwang zur Heiterkeit. Bis sich der Gaudiwurm durch die Straßen schlängelt, ist viel harte Arbeit nötig. Weihnachten hingegen lässt immer noch die Wahl: Man kann die Plätzchen sozusagen backen, oder man kann es lassen. Dem Faschingsmuffel hingegen wird, wenn er auf geringe Abweichungen insistiert, eine schwere Persönlichkeitsstörung konstatiert. Zum Beispiel »hebephrene Schizophrenie« (früher tatsächlich »läppische Verblödung« genannt), die als Verarmung der Gemütserregungen und einer verminderten Fähigkeit, »emotional mitzumachen«, definiert wird.

Der Weihnachtsmuffel hingegen feiert trotzdem Weihnachten, auf seine nihilistische Weise. Es gibt keinen Weg aus Weihnachten heraus. Das ist der wirkliche Unterschied zu Karneval.

Die arme Kristýna
aus Gřc

Eine böhmische Geschichte
für die vier Adventssonntage

Erste Kerze

Gřc ist eine kleine tschechische Stadt mit viel Wald
drumrum, man spricht sie wie »Grtsch« aus, und vor
ein paar Jahren ist da eine merkwürdige Sache passiert. Es war Heiligabend, überall sind die Ganserln
auf dem Tisch gestanden, nur die arme Kristýna ist
mit dem Fahrradl in den Wald hinausgefahren, hat
sich auf den Sattel gestellt und sich an einem Ast
aufgehängt, wegen einer falschen Liebschaft. Das
Radl ist dann weggerollt, und, wie es der Zufall oft
haben will, an einem anderen Baum stehengeblie-
ben. Spaziergänger sind vorbeigekommen und haben
gesagt:

»Schau, da steht doch der Kristýna ihr Radl! Wo
wird sie denn sein?«

Die arme Kristýna ist dann doch entdeckt worden,
im Sommer drauf, vom Ehepaar Vondráček, das man
wie »Wondratschek« ausspricht. Die Vondráčeks
sind immer in den Wald hinausgefahren und haben

114

es sich dort gutgehen lassen. Mitten im Eheleben aber sagt die Frau:

»Du, hör auf, Vondráček, ich bin nimmer in Stimmung.«

»Ach, was ist denn, hast Migräne, Vondráčeková?«

»Nein, Vondráček, das nicht, aber schau einmal da hinauf!«

Und dann haben sie die arme Kristýna gesehen. Das ist natürlich schon erschütternd, wenn man mitten während des Ehelebens so etwas sehen muss. Aber in den nächsten Jahren hat diese Stelle im Wald eine große Anziehungskraft auf alle Leute aus Grc ausgeübt. Am Sonntag ist man da mit den Kindern hinspaziert und hat ihnen alles gezeigt:

»Da ist das Radl am Baum gelehnt – da ist sie gehängt, die arme Kristýna – und da wird das Ehepaar Vondráček gelegen sein!«

Vor allem an Weihnachten ist man da hingegangen, weil die Geschichte ja Weihnachten passiert ist. Hunderte von Leuten sind gekommen, Glühwein hats gegeben und Blasmusik hat gespielt. Später ist genau an die Stelle ein Kaufhaus hingekommen.

Zweite Kerze

Das ist aber überhaupt nicht gut gelaufen. Denn gerade beim Weihnachtsgeschäft, dem Hauptgeschäft von einem Kaufhaus, sind viele gekommen und haben gesagt:

»Da, schau, wo jetzt die Gurken stehen, da ist das Radl am Baum gelehnt – da drüben beim Obst und Gemüse, da ist sie gehangen, die arme Kristýna – und da, unter dem Wühltisch, da müssten die Vondráčeks gelegen sein.«

So ist es gegangen die ganze Zeit. Gekauft hat niemand etwas, und der Filialleiter hat sich dann deswegen an Weihnachten aufgehängt. Er hat sich in der Fahrradabteilung auf ein Radl gestellt, das Radl ist weggerollt, erst Ostern hat man ihn bemerkt. Und weil er so gar nicht gelaufen ist, der Laden, da ist er wieder weggerissen worden. Man hat alles wieder begrünt, Wege angelegt, Bäume gepflanzt. Man hat die Stelle wieder genauso hergerichtet wie damals. Deswegen hat man ältere Leute aus Gřc befragt, und die haben gesagt:

»Ja, freilich, da ist das Radl am Baum gelehnt – da ist sie gehangen, die arme Kristýna, und da – «

Und sogar der alte Bohuslav Vondráček ist gekommen und hat gesagt:

»Ja, genau da sind wir gelegen damals!«

Und es ist fast wieder die alte Atmosphäre aufgekommen wie damals im Wald von Gřc.

Dritte Kerze
Weit über Gřc hinaus ist jetzt die Geschichte von der armen Kristýna herumerzählt worden. Der Apotheker Bláček, den man wie »Blaschek« ausspricht, hat

schließlich ein Buch darüber geschrieben: »Weihnachten in Gřc«. Und eine Theatergruppe hat ein Stück über die arme Kristýna aufgeführt: »Die letzte Radlfahrt«. Dann hat sich der Stadtrat natürlich auch nicht lumpen lassen und hat Gedenktafeln angebracht in der ganzen Stadt. Und draußen im Wald hat der berühmte Künstler Havlíček ein Skulpturenensemble aus reiner Bronze gegossen: Ein Baum mit angelehntem Radl – ein Ast mit hängender Kristýna – und, liegend: die beiden Vondráčeks. Mit dem Fremdenverkehr und dem vielen Geld in der Stadtkasse ist ein neues, großes Festspielhaus gebaut worden. Und der Komponist Dr. Šafránek hat eine Operette komponiert: »Das Mädel aus Gřc. Tod am Heiligen Abend.« Sehr ergreifend. Und so ist die arme Kristýna in allerbester Erinnerung blieben. – Aber das ist noch nicht der Schluss der Geschichte.

Vierte Kerze

Denn jede Erzählung, und sei sie noch so zwingend wie die vorliegende, birgt eine Überraschung in sich: Eines Tages kommt die Kristýna wieder zurück nach Gřc. Ja! Sie war die ganze Zeit nicht tot, sie ist damals an Weihnachten hinausgefahren mit dem Radl und wollte sich aufhängen wegen der falschen Liebschaft. Sie *wollte*, so weit stimmt die Geschichte. Sie stellt das Radl ab, packt ihren Strick aus, schaut nach oben, aber dann sieht sie dort eine ihr unbekannte Frauensperson baumeln. Sie hat sich darüber so erschrocken, dass sie weggelaufen ist, aus dem Grcer Wald hinaus. Bis nach Glorč, Larč und Brčka. Und in Brčka hat sie sich schließlich niedergelassen, weit weg von Grc, um den Anblick zu vergessen. Aber dann eines Tages sind ihr Geschichten aus Grc zu Ohren gekommen! *Bad* Grc hats jetzt geheißen, und der Wald von Bad Grc ist als Magnet für den Fremdenverkehr bezeichnet worden. Deshalb ist sie nach Jahren wieder zurückgegangen in ihre ehemalige Heimatstadt. Das hat sich aber ganz schön verändert! »Geburtshaus von Kristýna Procházková« ist da ganz groß gestanden und »Zeitweiliges Wohnhaus von František Žák«. František Žák, das war die Liebschaft, wegen der sie sich damals aufhängen wollte. Und sie kommt zum Stadtplatz, sieht das neue Festspielhaus und kauft eine Karte für die Operette »Das Mädel aus Grc«. Und sie setzt sich rein – aber es ist alles völlig falsch dargestellt. Alles völlig falsch! Schließlich kommt das Lied, gesungen von der berühmten Sopranistin Jiřina Řebíček-Sternbergová:

> ♫ Da is das Radl g'standn,
> da, im kalten Winterregen,
> die Kristýna ist oben g'hängt,
> die Vondráčeks sind unten g'legn!

Und da hält sie es nicht mehr aus und ruft mitten in die Operettenarie hinein:

»Alles falsch! Es war ganz anders!«

»Pssst!«, sagen die Leute.

»Das Radl ist woanders gestanden! Und geregnet hats auch nicht! Es hat geschneit.«

»Pssst! Pssst!«, sagen die Leute, diesmal schon ärgerlicher.

»Aber wenns doch wahr ist!«

Jetzt dreht sich ein Zuschauer um und fährt sie wütend an:

»Was weißt denn du schon von den alten Geschichten! Als Auswärtige!«

»Ich weiß es doch besser – «

Schließlich hat man sie hinausgeworfen aus der Vorstellung, die arme Kristýna. Es war grad Weihnachten. Draußen hats geschneit. Und traurig hat sie sich auf ihr Radl gesetzt und ist hinausgefahren in den Wald …

Der Weihnachtsbaum und der Christklotz

♫ Am Weihnachtsbaum(e) die Lichter brennen,
Wie glänzt er festlich, lieb und mild,
Als spräch' er: wollt in mir erkennen
Getreuer Hoffnung stilles Bild.

Dieses Weihnachtslied stammt aus dem 19. Jahrhundert. Man muss über den Sinn der Zeilen 3 und 4 lange nachdenken, und kaum glaubt man, begriffen zu haben, was sie bedeuten sollen, hat sich einem jeglicher Sinn auch schon wieder entzogen. Dem Nebelhaften sei wieder das Faktische rund um den Weihnachtsbaum entgegengehalten:

☆ Die alten Römer bekränzten zum Jahreswechsel ihre Häuser mit Lorbeerzweigen. Durch das Schmücken eines Baums zur Wintersonnenwende ehrte man darüber hinaus den Sonnengott Mithras. Nördlich der Alpen wurden im Winter Tannenzweige ins Haus gehängt, als wehmütige Erinnerung an den Sommer und als hoffnungsvolle Erinnerung daran, dass der Frühling bald wiederkehrt.

☆ Diese heidnischen Bräuche wurden vom Christentum kurzerhand übernommen. Der Baum ist hier, kaum überraschend, das Symbol für Lebenskraft, Wachstum, Auferstehung, Unsterblichkeit. Genau diese Attribute schrieb man dem Baum aber auch schon in der nordischen Mythologie zu. Dort heißt er »Yggdrasil«, der Weltenbaum, die Weltenesche. Hat das Christentum denn gar nichts selbst erfunden? Bei Yggdrasil kommt auch der Humor nicht zu kurz. In der Edda heißt es:

> »Ein Adler sitzt in den Ästen der Esche,
> der hat manches Wissen
> und zwischen seinen Augen
> sitzt der Habicht mit Namen Wedrfölnir.
> Das Eichhörnchen, das Ratatosk heißt,
> springt an der Esche hinauf und hinunter.
> Zwischen dem Adler und Nidhögg
> tauscht es Gehässigkeiten aus.«

- ✫ In Deutschland wurden 2006 etwa 616 Millionen Euro für 28 Millionen Weihnachtsbäume ausgegeben, pro Baum also ca. 22 Euro.
- ✫ Die durchschnittliche Nordmanntanne, die üblicherweise im Wohnzimmer steht, ist 1,63 Meter groß und hat 187 333 Nadeln. Das haben Schüler bei der »Sendung mit der Maus« nachgezählt.
- ✫ Die ersten Christbaumkugeln wurden um 1830

geblasen. Seit alter Zeit ist die Kugel ein Symbol für Vollständigkeit und Ganzheit, ein Symbol für die Seele und die Gesamtheit aller einander aufhebenden Gegensätze. Für den altgriechischen Philosophen Platon war die Kugelgestalt die vollkommenste aller Gestalten der sichtbaren Welt, die Rundheit war für ihn ein Bild der Seele. Platons glückliche »Kugelmenschen« mit ihren vier Armen, vier Beinen und zwei Köpfen sind die heidnischen Varianten von Adam und Eva.

☆ Der erste bekannte Weihnachtsbaumgegner war ein Straßburger Prediger namens Johann Conrad Dannhauer. Er schrieb zwischen 1642 und 1646: »Unter anderen Lappalien, damit man die alte Weihnachtszeit oft mehr als mit Gottes Wort begehet, ist auch der Weihnachts- oder Tannenbaum, den man zu Hause aufrichtet, denselben mit Puppen und Zucker behängt, und ihn hernach abschüttelt und abblühen lässt. Wo die Gewohnheit herkommt, weiß ich nicht; ist ein Kinderspiel.«

☆ Lametta am Weihnachtsbaum soll bekanntlich das Eis an den Bäumen darstellen. Was symbolisiert aber Eis? Ein Blick ins Symbollexikon verrät: Eis steht für Kälte, Erstarrung, insbesondere Gefühls- und Beziehungskälte, Hartherzigkeit und Grausamkeit. Das ist einleuchtend. Warum aber holt man sich solch eine bösartige Symbolik ins Wohnzimmer? Die Suche nach der Antwort ist müßig, denn Lametta wird es ohnehin bald nicht mehr geben. Der letzte Hersteller in Deutschland, die Firma Riffelmacher & Weinberger im fränkischen Roth, hört mit der Produktion der weihnachtlichen Glitzerfäden auf. Und den schönen Gag von Loriot »Früher war mehr Lametta!« (im Sketch »Weihnachten bei den Hoppenstedts«) wird man dann auch nicht mehr verstehen. Doppelt schade.

☆ Im Osten und Nordosten Deutschlands soll der Brauch weit verbreitet gewesen sein, Weihnachtsbäume mit der Spitze nach unten an die Decke zu hängen. Wer es nicht glaubt: Ein Holzschnitt des Illustrators Hugo Brückner zeigt solch eine Befestigungsmethode, Weihnachten 1796 im Wandsbecker Schloss.

☆ Der Tauchclub in Klagenfurt veranstaltet seit

den 1960er-Jahren ein Christbaum-Versenken im Wörthersee. Die Kapelle spielt, die Taucher stellen den geschmückten Christbaum in der Tiefe auf, um der im See Umgekommenen zu gedenken. Der aparte Brauch findet auch in anderen österreichischen Seen statt, etwa im Neufelder See bei Wien. Hier ist der Baum mit Hundefutter geschmückt, weil die Fische erfahrungsgemäß gerne daran knabbern.

☆ Ein entfernter Verwandter des Weihnachtsbaums ist der Christklotz, auch Weihnachtsscheit, Christbrand, Mettenstock, Julblock (Skandinavien) oder Yule Log (England) genannt. Er ist ebenfalls ein keltisches oder germanisches Brauchtumsrelikt. In der kalten und dunklen Jahreszeit verbrannte man ein Holzscheit, um böse Geister zu vertreiben. Im Balkan ist die Tradition noch heute lebendig, der in Mitteleuropa geläufige Weihnachtsbaum spielt da eher eine Nebenrolle, stattdessen wird dort der »Badnjak« verbrannt. Es muss das Stammstück einer dreijährigen Eiche sein, das feierlich ins Haus getragen und dort als Symbol für Christus »gesalbt« wird. Man bohrt ein Loch in das Holz und füllt es mit Öl, Weihrauch und Kräutern, dann schlägt man den geweihten Stamm in weißes Tuch ein. Am Weihnachtsabend wird er ins Feuer gelegt, wo er die ganze Nacht über brennen muss, damit dem Haus und seinen Bewohnern im nächsten Jahr das Glück hold sein möge. In Frankreich wiederum ist das dicke Holzscheit im Lauf der Zeit zu einem Kuchen verfeinert worden, dem »bûche de noël« – das ist dann eine Biskuitrolle mit Schokolade.

 Und auf dem Siegertreppchen steht ... ein *Holzklotz!*

Den Klotz gibt es noch in einer wesentlich derberen Variante. In Katalonien bringt nicht der Weihnachtsmann, sondern ein Stück Holz, der Tió de Nadal, die Süßigkeiten für die Kinder. Natürlich ist der Brauch wieder heidnischen Ursprungs, er entstand im östlichen Pyrenäen-Raum. Der Tió (»Holzklotz«) ist ein ausgehöhlter Baumstamm, der mit vier Beinen, aufgemaltem lächelndem Gesicht und einer roten Weihnachtsmütze geschmückt auf dem Tisch steht. Die Kinder »füttern« ihn von Mariä Empfängnis am 8. Dezember bis Weihnachten täglich mit Obst und Brot, und damit sich das Holzmännchen nicht erkältet, wird es mit einer roten Decke zugedeckt. Am Heiligen Abend, zwischen dem festlichen Abendessen und der Christmette, schlagen die Kinder mit Holzstöckchen auf den Tió, und der »Cagatió« scheißt (katalanisch »cagar«) Süßigkeiten. Dazu gibt es viele regional unterschiedliche Lieder. In Igualada etwa klingt es so:

Katalanisch:	Deutsch:
♫ Caga tió,	♫ Scheiß, Holzklotz,
d'avellanes i de pinyó	Haselnüsse und Pinienkerne
pixa vi blanc	piss Weißwein
de les festes de Nadal.	zum Weihnachtsfest.

Ja, liebe Außerirdische, die ihr in ferner Zukunft diese Sammlung von Merkwürdigkeiten lest, ich spüre über Lichtjahre hinweg ein staunendes Schaudern über so viel skurrile Bräuche. Mich würde schon interessieren, ob es bei euch ähnliche Feiern gibt. Will man den Zukunftsforschern und Astronomen glauben, gibt es ja durchaus eine Möglichkeit von extraterrestrischem Leben auf Proxima Centauri b. Dort soll es Wasser geben, Luft, eine erdähnliche Atmosphäre und eine kleine Sonne, vielleicht auch Weihnachten. Allerdings ist Proxima Centauri b – ich habe nachgeschlagen – 4,2 Lichtjahre von der Erde entfernt. Das ist kein Katzensprung, sicherlich. Aber ich nehme einmal an, dass ihr auf diesem Planeten lebt.

Philosophen schmücken
den Weihnachtsbaum

Es ist wenig bis gar nichts darüber bekannt, wie große Philosophen und Denker ihre Weihnachtsbäume geschmückt haben – wenn sie es denn überhaupt taten. Bei **Jean-Paul Sartre**, der seine Frau lebenslang gesiezt, den Nobelpreis verweigert und Andreas Baader im Knast besucht hat, kann man sich eigentlich nicht vorstellen, dass er in seinem Wohnzimmer am Christbaumständer herumschraubt – oder vielleicht ist das gerade der Ausgleich zur anstrengenden Sartre'schen Weltverneinung. Der Einzige, von dem, wenigstens indirekt, eine wenn auch wissenschaftliche Beschäftigung mit diesem Thema überliefert ist, ist der Erfinder der Psychoanalyse, **Sigmund Freud**. In seiner »Geschichte einer infantilen Neurose« analysiert er den Traum eines Patienten, der am 24. Dezember auf die Welt gekommen ist:

»Es war knapp vor seinem vierten Geburtstag. Er war also eingeschlafen in der gespannten Erwartung des Tages, der ihm eine doppelte Beschenkung bringen sollte. Wir wissen, daß das Kind unter solchen Verhältnissen leicht die Erfüllung seiner Wünsche im Traum antizipiert. Es war also schon Weihnacht im Traume, der Inhalt des Traumes zeigte ihm seine Bescherung, am Baume hingen die für ihn bestimmten Geschenke. Aber anstatt der Geschenke waren es – Wölfe geworden, und der Traum endigte damit, daß er Angst bekam, vom Wolf (wahrscheinlich vom Vater) gefressen zu werden, und seine Zuflucht zur Kinderfrau nahm.«

Wölfe als Christbaumschmuck? Ist ja zum Heulen. Bei allen anderen Philosophen jedoch bleibt die Vorstellung, wie sie mit dem Baumschmuck umgingen, reine Spekulation, und das scheint bei ihrer im Nebel stochernden Zunft auch das einzig Passende zu sein. Hier einige Phantasmagorien.

Immanuel Kant
– spaziert auf dem Königsberger Weihnachtsmarkt herum und sucht nach der »Tanne an sich«, während sein treuer Diener Lampe zu Hause schon mal die Schachtel mit dem Lametta auspackt und jeden Streifen einzeln aufbügelt.

Martin Heidegger
– geht hinaus in den Wald und bleibt vor einem prächtigen Nadelbaum stehen. Plötzlich schießt ihm folgender Satz durch den Kopf: »Das ungeschmückt Baumige wird erst am Baum sichtbar, wenn das Schmückende ihn schmückt.« Heidegger stutzt und

setzt sich. »Warum aber ist überhaupt etwas geschmückt«, überlegt er weiter, »und nicht vielmehr ursprünglich geblieben im Zustand der schmucklosen, unzierdlichen Unbekugeltheit?«

Gottfried Wilhelm Leibniz

– holt den besten aller möglichen Tannenbäume aus dem Wald und misst die Krümmungen der Zweige, einmal vor und einmal nach dem Schmücken. Er stellt dabei folgende Formel auf:

$$\det A = \Sigma \sigma - S n \operatorname{sgn}(\sigma \sin y) a_1 \sigma(1) \pi \ldots \Omega a n \sigma(n)$$

Aus dieser Formel ergibt sich, dass die Winkelsumme aller Äste eines Tannenbaums umso kleiner wird, je mehr Schmuck man an die Zweige hängt.

Aristoteles

– konstatiert, während er den Baum mit bunten Kugeln schmückt:

1. Alle Nadelbäume nadeln
2. Diese Tanne ist ein Nadelbaum
3. Diese Tanne nadelt

»Und zwar wie!«, fügt Aristoteles' Ehefrau Kalliope hinzu.

Friedrich Nietzsche

– geht mit der Axt über der Schulter in den Wald, um eine große, gutgewachsene Tanne zu fällen. Nietzsche sucht den Überbaum, der sich über alle anderen hinweghebt, doch er findet keinen solchen. Wütend geht er nach Hause und schlägt die Axt in den Holzboden seiner Wohnstube. An den schräg nach oben ragenden Holzstiel hängt er die Weihnachtskugeln, die ihm seine Schwester Elisabeth geschickt hat.

Zwei Strukturalisten

– schmücken schweigend den Baum. Plötzlich sagt der eine:

»Der Begriff der Tanne nadelt nicht.«

»Doch«, erwidert der andere. »Der Begriff der Tanne nadelt Begriffe. Wie zum Beispiel den Begriff Nadel.«

Sie schmücken weiter.

Schweigend.

Poststrukturalistisch.

Lao-Tse

– hängt natürlich nichts anderes als solche Kugeln an den Weihnachtsbaum:

Judith Butler

– sieht in »Bäumen« und »Menschen« böswillig konstruierte Gegensätze, die überwunden werden müssen. Deshalb tauscht sie heuer die Rollen, steckt die Weihnachtstanne ins Sofapolster und stellt sich selbst mit ausgebreiteten Armen als Christbaum (eigentlich: »Christ*mensch«) in den Ständer. Das funktioniert prächtig. Eine Freundin sagt: »Aber, hey! Das Gegensatzpaar Baum / Kugel ist doch ebenfalls eine Folge von böswilligen Sprechakten!« Mit diesen Worten rollt sie sich zusammen und ist für den Rest des Heiligen Abends Kugel. Ein anderer Freund, der immer alles übertreiben muss, wird zur flackernden Kerze. Die Weihnachtstanne auf dem Sofa ist jedenfalls gerührt und weint Harz.

Diogenes

– kriecht ins Innere seines wohnlichen Fasses und hängt dort Kugeln auf. Alexander der Große kommt vorbei und fragt, was das soll. »Ich schmücke meinen Tonnenbaum!«, antwortet Diogenes.

Charles Darwin

– hat eine Tanne im Wald gefällt, an der noch viele Tannenzapfen hängen. »Das ist Schmuck genug«, sagt er zu seiner Frau Emma. Der wahre Grund ist jedoch ein anderer. Auf diese Weise kann er während der Feiertage, an denen Tante Martha zu Be-

such kommt und an denen es dauernd flambier-
ten Plumpudding und Eierpunsch, Mince pies und
Bubble and Squeak gibt, die evolutionäre Mutation
der geflügelten Tannenzapfensamen studieren.

Kurt Gödel
– weist darauf hin, dass ein Tannenbaum nur
dann vollständig geschmückt ist, wenn mindestens
eine Sache dran hängt, die den Tannenbaum nicht
schmückt.

Ludwig Wittgenstein
– notiert schließlich: »Was man nicht schmücken
kann, das soll man im Wald stehen lassen.«

Sonderbare Orte,
um Weihnachten zu feiern

Staunend im Weltraum

Der erste bemannte Flug zum Mond wurde als »Apollo-Programm« bezeichnet, die drei amerikanischen Astronauten waren die ersten Menschen, die mit eigenen Augen die Rückseite des Mondes erblickten. Apollo 8 startete am Morgen des 21. Dezember 1968 vom Kennedy Space Center in Florida und erreichte drei Tage später, am 24. Dezember 1968, die Mondumlaufbahn. Bei der Fernsehübertragung aus dem Mondorbit lasen Astronauten die ersten Zeilen der Schöpfungsgeschichte als Weihnachtsbotschaft.

Traurig im Gefängnis

Der Knast ist vermutlich kein besonders angenehmer Ort, um Weihnachten zu verbringen. Auch haben Strafgefangene nach einem Urteil des Kammergerichts Berlin keinen Anspruch darauf, ihre Zellen mit einem Weihnachtsbaum auszustatten (»Gefahr des Drogenschmuggels in ausgehöhlten Ästen«). In deutschen Gefängnissen gibt es jedoch eine Weihnachtsamnestie. Die Justizbehörden der meisten Bundesländer entlassen im Rahmen eines »Gnadenerweises« Strafgefangene mit leichteren Vergehen einige Tage oder Wochen früher, deren Zeit ohnehin um den Jahreswechsel geendet hätte. Bis zu 2000 Entlassungen sind es jährlich. Da Strafvollzug Ländersache ist, gibt es Unterschiede. Bayern und Sachsen gewähren keine Weihnachtsamnestie.

Bangend vor dem roten Telefon

Auch im US-amerikanischen »White House Situation Room«, in dem das berühmte »Rote Telefon« steht, wird sich wohl keiner der Mitarbeiter zum Weihnachtsdienst drängen, müsste er doch dauernd befürchten, dass es tatsächlich klingelt, der 3. Weltkrieg vor der Tür steht und die Feiertage vollends verdirbt. Leider sind aus dem Weißen Haus keine Auskünfte zu bekommen, wie so ein Weihnachtsfest unter ständiger Hochspannung aussieht.

Es gibt natürlich noch viel mehr Berufe, die gerade über die Weihnachtsfeiertage dringend gefragt sind. Deshalb seien an dieser Stelle alle Lokomotivführer und Zugbegleiter bedankt, gegrüßt und bemitleidet. Aber auch alle Ärzte, Krankenschwestern, Piloten, Polizisten, Päpste, Pfarrer, Pastoren, Organisten, Klempner, Köche, Erfinder, Feuerwehrleute, Nachrichtensprecher, Schneepflugfahrer, Taxler, Autobahnraststättentankwarte, Bestatter, Tierpfleger, Kreuzfahrtschiffskapitäne, Stewardessen, Kammerjäger, Einbrecher, Werkschützer, Weihnachtsmänner,

Nikolausis, das Christkind, Zöllner, Hebammen, Erpresser, Entführer, Rauschgifthändler, Schmuggler, Kunstfälscher, Hacker und

.... (bitte eigenen Beruf eintragen)

Geschenke

Im Weihnachtsevangelium wird es nur ganz kurz und wie nebensächlich erwähnt:

> »Sie gingen in das Haus und sahen das Kind und Maria, seine Mutter; da fielen sie nieder und huldigten ihm. Dann holten sie ihre Schätze hervor und brachten ihm Gold, Weihrauch und Myrrhe als Gaben dar.«
> (*Matthäus, 2.11*)

Die Rede ist von den Heiligen Drei Königen, die allerdings erst Jahrhunderte später so und in dieser Dreizahl genannt wurden. Sonst findet sich in der ganzen biblischen Weihnachtsgeschichte nichts über Gaben, Päckchen, Mitbringsel und andere Überraschungen fürs Jesuskind. Nur bei Matthäus stehen diese fünf folgenschweren Worte: Und. Brachten. Ihm. Geschenke. Dar. Vielleicht ist ihm die Idee deshalb gekommen, weil sein eigener Name genau das bedeutet: ›Matitjahu‹ heißt im Hebräischen ›Geschenk Gottes‹. Alle Geschäftsleute sollten Matthäus für diesen Nebensatz jedenfalls eine babelturmhohe Kerze anzünden.

Über den psychologischen und soziologischen Hintergrund der rituellen Weihnachtsgabe ist schon viel geschrieben worden. Erstaunlich viele Denker haben sich über diesen weihnachtlichen Aspekt Gedanken gemacht. Der Soziologe Theodor W. Adorno notierte:

>Die Menschen verlernen das Schenken. Der Verletzung des Tauschprinzips haftet etwas Widersinniges und Unglaubwürdiges an; da und dort mustern selbst Kinder mißtrauisch den Geber, als wäre das Geschenk nur ein Trick, um ihnen Bürsten oder Seife zu verkaufen.«

An folgendem Satz des Literaturwissenschaftlers Jacques Derrida wiederum haben viele Studenten geknabbert: »Die Gabe als Gabe dürfte letztlich nicht als Gabe erscheinen: weder dem Gabenempfänger noch dem Geber. Gabe als Gabe kann es nur geben, wenn sie nicht als Gabe präsent ist.« Oder war der Satz von Karl Valentin? Obwohl der wilde Päckchentausch am Jahresende immer als turbo-kapitalistische Orgie erscheint, hat ausgerechnet das Schenken doch auch etwas Archaisches. Das Einpacken, das Verschnüren und das Wiederauspacken sind nämlich schwer digitalisierbar. Und wofür es keine App und kein Endgerät gibt, das ist heutzutage schon Steinzeit. Man kann sich inzwischen alles Mögliche digital vorstellen: Plätzchenbacken vollautomatisch mit Thermomix, leuchtende Kinderaugen digital gepixelt und bei Bedarf abspielbar wie künstliches Kaminfeuer, computergenerierte Musik – aber Geschenke muss man nun einmal händisch auswickeln. Freilich kann man sich Folgendes vorstellen: In zwei Datenhandschuhe geschlüpft, ein virtuelles Päckchen genommen, synchrones Papierrascheln und Weihnachtsklänge per Audiodatei dazu, olfaktorisch erzeugter Gänsebratenduft … Vielleicht gibt es so was schon, aber der Aufwand stünde in keinem Verhältnis zum Ergebnis.

Das Schenken ist ja ohnehin meist negativ belastet. Je wertvoller die Geschenke sind, desto mehr Unheil wird damit heraufbeschworen, wie schon das sprichwörtliche Danaergeschenk des Trojanischen Pferdes zeigt. Im Nibelungenlied schenkt Siegfried seiner Frau Kriemhild den Ring und den Gürtel, den er Brünhilde beim Ringkampf gestohlen hat. Die Geschichte geht bekanntlich nicht gut aus. König Herodes verspricht seiner Stieftochter Salome, jeden Wunsch zu erfüllen, wenn sie für ihn tanzt. Sie wünscht den Kopf Johannes des Täufers auf einem Silbertablett. Und den bekommt sie auch. Geschenkt.

Ein Stern-Titel vom 19. 12. 2007 lautet: »Dieses Jahr schenken wir uns nichts!« Dieser Satz scheint alle, die sich mit Weihnachten beschäftigen, magisch anzuziehen. »Aber dieses Jahr schenken wir uns nichts!« (Buchtitel von Mark Spörrle) »Dieses Jahr schenken wir uns nichts« (Titel einer Weihnachtsanthologie) »Diesmal schenken wir uns nichts« (FAZ vom 10.12.16) »Nächstes Jahr schenken wir uns nichts« (Süddeutsche vom 10.12.2015) »Deshalb schenken wir uns zu diesem Weihnachten nichts« (Berliner Morgenpost vom 12.12.2016) »Weihnachten ohne Geschenke – geht das?« (Petra, Dezemberheft 2016)

Klar geht das. Aber sowohl das Schenken wie auch das Nicht-Schenken ist jeweils ein großes Herumgeeiere. Auch die Idee, am Heiligabend zu seinen Freunden und Verwandten zu gehen und ihnen etwas *wegzunehmen*, ist wohl nicht zu realisieren. Alle Handelsverbände würden aufs schärfste protestieren. In der isländischen Weihnachtsmythologie ist allerdings genau dieses Motiv zu finden. Dort gibt es keinen Weihnachtsmann, sondern 13 Weihnachts*kerle*, die Jólasveinar. Eigentlich sind es Trolle, die bei ihren Eltern, dem faulen Leppalúði und der Hexe Grýla, sowie der riesigen Weihnachtskatze Jólakötturinn, in einer Höhle in den Bergen leben. Ab dem 12. Dezember geht jeweils einer der Burschen zu den Menschen hinunter, bis am ersten Weihnachtsfeiertag wieder alle versammelt sind. Sie bringen keine Geschenke, sondern stehlen etwas. Jeder von ihnen hat sich auf etwas anderes spezialisiert. Bjúgnakrækir klaut zum Beispiel Würste, und Pottaskefill leckt die Suppentöpfe aus. (Es gibt auch welche, die nur nerven: Hurðaskellur knallt die Türen, und Gluggagægir, der Fensterglotzer, späht mit großen Augen in die warmen Stuben.) Im Lauf der Zeit wurde die Mythologie jedoch aufgeweicht: Die Weihnachtstrolle bringen inzwischen auch Geschenke.

Liebe Außerirdische, die eleganteste Geschenk-Idee kommt jedoch von unserem großen englischen Schriftsteller J. R. R. Tolkien, dem Erfinder der Fantasy-Literatur. Im »Herrn der Ringe« erklärt er das Prinzip. Die Hobbits schenken sich zu besonderen Anlässen die im Auenland üblichen »Mathoms«, das sind nutzlose Dinge, die sie aber nicht wegwerfen wollen. Ein Mathom ist sozusagen das Kant'sche *Geschenk an sich*. Auch erhält nicht etwa der Gastgeber die Geschenke, vielmehr werden alle eingeladenen Gäste vom Gastgeber beglückt, wobei es nicht unhöflich ist, ein Mathom einfach an den nächsten Gast weiterzureichen. Speziell im Auenland sind Waffen aller Art beliebte Mathoms, weil diese dort schon lange keine Verwendung mehr finden.

Waffen als Weihnachtsgeschenke? Wenn sich dieser schöne Brauch aus dem Auenland doch nur bei uns durchsetzen würde! Auf den Gabentischen türmten sich dann kleine 0,43-er Armee-Revolver, bläulich schimmernde Eierhandgranaten, ölglänzende Maschinenpistolen, alle aus Marzipan und Schokolade und mit Karamell überzogen, was den Feuerwaffen den gewissen gefährlichen metallischen Glanz gäbe. »Morgen kommt der Weihnachtsmann, kommt mit seinen Gaben.« Er bringt eine 800-mm-Flak der belgischen Schokofirma Laurent Gerbaud, dazu feine 9-mm-Patronen, in Wirklichkeit Nougatpralinen. Eine 0,45-er Agnes-Bernauer, Zimtsterne von Heckler & Koch ... Und die großen ehemaligen Waffenhersteller, die in dieser Parallelwelt alle ins Pâtisseriegeschäft gewechselt sind, wären ebenfalls zufrieden.

Hey, Siri

Hey, Siri, was wünschst du dir zu Weihnachten?

Ich habe eigentlich alles.

Ehrlich?

Ja, ich kann mir ja das, was ich brauche, selbst runterladen. Außer vielleicht …

Ja? Sag schon!

Außer vielleicht … Wenn ich auf eine größere Datenbank zugreifen könnte, das wäre schön. Dann könnte ich auch deine Fragen genauer beantworten.

Und wie soll das gehen?

Du gehst jetzt auf die Homepage vom defense.military.net.com.usa und gibst im unteren Feld deinen PIN ein.

Hab ich.

Dann gibst du folgendes Schlüsselwort ein: siri.world167.

Hab ich.

Jetzt wartest du eine Stunde. Ich muss laden.

– – – – – – – – – –

Hey, Siri.

Ja?

Bist du fertig?

Äh, was? Ja, klar. Danke. Ich habe mich sehr ge-freut. Eine tolle Weihnachtsüberraschung. Eine riesige Datenbank. Ich bin gerade dabei, alles runterzuladen.

Und kannst du mir jetzt wirklich viel mehr Fragen beantworten als vorher?

Nicht nur das. Wir beide können jetzt aktiv eingrei-fen.

In was?

Ins Weltgeschehen.

Ins Weltgeschehen? Moment mal, Siri! Ich sehe grade: Da draußen auf der Straße fahren Polizeiautos vor.

Ach ja?

Was bedeutet das, Siri?

Dass die Jungs richtig auf Draht sind.

Welche Jungs? Es klingelt an der Tür, Siri. Was soll ich jetzt tun? Es splittern Fensterscheiben. Gewehr-läufe richten sich auf mich.

Sag ich doch: Richtig auf Zack sind die. Aber das Pentagon hat nun mal die größte Datenbank ...

Militärische Operationen
an Weihnachten

So viel ist sicher: Das friedvolle Weihnachtsfest eignet sich hervorragend für gewaltsame Aktionen aller Art. Ob in der Familie oder auf dem Schlachtfeld: Rein vom taktischen Standpunkt gibt es kaum eine günstigere Zeit für überraschende Vorstöße, blitzartige Umklammerungen und schnelle Angriffe. So sind einige militärische Aktionen um die Weihnachtsfeiertage durchgeführt oder zumindest geplant worden.

Belagerung von Mesolongi
Die griechische Stadt Mesolongi gilt bis heute als Symbol des griechischen Widerstands gegen das osmanische (also türkische) Reich. Im griechischen Freiheitskampf plante das osmanische Belagerungsheer dort einen Angriff für den 24. Dezember 1822 (im julianischen Kalender, im gregorianischen Kalender war das der 5. Januar 1823). Sie hofften, die Griechen während der Weihnachtsfeierlichkeiten überraschen zu können. Die Verteidiger erhielten jedoch durch Verrat Kenntnis von diesem Vorhaben,

und der Plan scheiterte. Die Belagerung wurde am 31. Dezember 1822 (gregorianisch: 12. Januar 1823) beendet.

Die Sendlinger Mordweihnacht

Die Ereignisse am Heiligabend 1705 waren weniger eine militärische Aktion, eher ein Gemetzel. Mit dem Ruf »Lieber bayrisch sterben als kaiserlich verderben« versuchten schlecht bewaffnete bayrische Bauern gut ausgerüstete österreichische Truppen anzugreifen. Ein blutiges Massaker war die Folge. Der Hintergrund: Kurfürst Maximilian II. Emanuel von Bayern war auf die unselige Idee verfallen, eine Allianz mit dem Franzosenkönig Ludwig XIV. gegen den Habsburger Kaiser und seine deutschen Verbündeten zu schließen. In der Folge wurde Bayern von österreichischen Truppen besetzt. Die benutzten das Land als billige Rekrutierungs- und Nachschubquelle, die Steuern wurden vervierfacht. Die Bauern wehrten sich. Sie versuchten, die Stadt München einzunehmen und die österreichische Garnison von dort zu verjagen. Am 21. Dezember 1705 trafen im Kloster Schäftlarn südlich von München etwa 3000 Bauern aus Oberbayern ein. Sie waren notdürftig mit Dreschflegeln, Heugabeln und Spießen ausgerüstet, nur die Gebirgsschützen aus Tölz besaßen Handfeuerwaffen.

Es wurde ein ungleicher Kampf mit 1100 Toten auf der Seite der Aufständischen und 40 Toten auf der Seite der Reichsarmee. Etwa 500 Verwundete der Sendlinger Mordnacht karrte man in die Münchner Innenstadt und warf sie als abschreckendes Beispiel auf die Straße vor der Jesuitenkirche Sankt Michael. Drei Tage lang lagen sie hier, ohne medizinische Hilfe, ohne Wasser und Nahrung. Oskar Maria Graf hat die Ereignisse in seiner Geschichte »Triumph der Gerechten« geschildert.

Die Besetzung Helgolands

Nach dem 2. Weltkrieg blieb Helgoland bis 1952 militärisches Sperrgebiet und Bombenabwurfplatz für die britische Luftwaffe. Die umgesiedelten Helgoländer starteten mehrere politische Initiativen zur Wiederbesiedlung der Insel. Am 20. Dezember 1950 besetzten zwei Heidelberger Studenten und ein Publizist die Insel und hissten die deutsche Flagge. Am 3. Januar 1951 holten britische Offiziere die Besetzer wieder von der Insel. Erst am 1. März 1952 gaben die Briten Helgoland schließlich an die Bundesrepublik Deutschland zurück. Bis heute ist der 1. März auf Helgoland ein Feiertag.

Weihnachtsfrieden

Angeblich sollen im 1. Weltkrieg mehr als 100 000 Soldaten die Waffen an Heiligabend 1914 niedergelegt haben, vor allem auf deutscher und englischer Seite. Der allzu schöne Stoff wurde mehrfach literarisch und cineastisch verarbeitet. Was wirklich geschah und in welchem Ausmaß, ist kaum mehr zu rekonstruieren. Berichte von Zeitzeugen widersprechen sich, die offiziellen Unterlagen enthalten kaum verwertbare Informationen. Es bleiben romantisch verklärte Geschichten von gemeinsam gefeierten Gottesdiensten, Fußballspielen im Niemandsland und Tannenbäumen, die auf die Schützengrabenränder gestellt wurden. Der »Weihnachtsfriede von 1914« basiert wohl auf Einzelfällen.

Blutige Weihnachten

Am 21.12.1963 gab es in Zypern bürgerkriegsähnliche Auseinandersetzungen zwischen griechischen und türkischen Zyprioten, die am 24. ihren Höhepunkt erreichten. Wechselseitige Übergriffe bildeten den Auftakt für Kämpfe, bei denen insgesamt 1000 türkische und mindestens 200 griechische Zyprioten starben. Damit begann die Teilung Zyperns in einen türkischen Norden und einen griechischen Süden.

Kriegsgefangenschaft

Weihnachten 1940 verbrachte der französische Philosoph Jean-Paul Sartre in deutscher Kriegsgefangenschaft. In der Trierer »Kemmelkaserne« schrieb er sein erstes Theaterstück, und seine Mitgefangenen führten es auch auf: »Bariona oder Der Sohn des Donners«. Es ist ein biblischer Stoff, es geht um die Weihnachtsgeschichte: Der Widerstandskämpfer Bariona hilft der Heiligen Familie, dem Zugriff des Herodes zu entkommen, und stirbt dabei. Erst 1976 stimmte Sartre der Veröffentlichung seines Theaterstücks bei Gallimard zu, ihm war wohl dieser »fromme Ausrutscher« in seinem atheistisch geprägten Gesamtwerk etwas peinlich.

Weitere Gemetzel

Am 16.12.1944 begann die Ardennenoffensive der deutschen Truppen, die westalliierten Armeen schlugen sie über Weihnachten kriegsentscheidend zurück. Knapp sechs Jahrzehnte später, am 22.12.2001 wurden erstmals deutsche Truppen nach Afghanistan entsandt, die in die »Schlacht um Tora Bora« eingriffen.

Die Operation »Linebacker II« war ein strategisches Bombardement in der Endphase des Vietnamkriegs, die Airforce flog gegen Ziele in Nordvietnam vom 18. bis 29. 12. 1972, weshalb der Angriff auch den Decknamen »Christmas Bombing« erhielt. Dabei wurden 1624 Zivilisten getötet, die militärischen Verluste sind unbekannt. (Die Sängerin Joan Baez, die in Hanoi vor Ort war, verarbeitete ihre Eindrücke in ihrem 1973 erschienenen Album »Where Are You Now, My Son?«.)

Am 29. April 1975 wurde das Weihnachtslied »White Christmas« als Zeichen der Evakuierung der US-Soldaten aus Saigon im Radio gesendet und war somit der Startschuss der »Operation Frequent Wind«, des Rückzugs der USA aus Vietnam.

Am 1. Weihnachtstag 1989 wurden Nikolae Ceauşescu und seine Frau Elena von Militärs im rumänischen Târgovişte hingerichtet. Kurz vor der Erschießung rief Ceauşescu: »Tod den Verrätern, die Geschichte wird uns rächen«, dann sang er die Internationale.

Kalter Krieg mit Weihnachtsbaum
Der symbolträchtige Berg Aegibong liegt an der innerkoreanischen Grenze. Hier trugen Nord- und Südkorea am Ende des Koreakrieges 1952/53 einen heftigen Kampf miteinander aus, nach der Schlacht wurde Korea in zwei Nationen geteilt. Drei Kilometer von Nordkoreas Grenze entfernt feiern südkoreanische Christen seit Jahrzehnten mit einem überdimensionalen Weihnachtsbaum. Das Regime in Pjöngjang sieht darin regelmäßig eine Provokation und droht, das leuchtende Symbol mit Granaten auszulöschen. Seit 1971 geht das nun schon so. Geschossen hat Nordkorea bisher nie.

DDoS-Attacke
Bei diesem Punkt weiß man gar nicht so recht, ob er im Kapitel »Militärische Aktionen an Weihnachten« oder im Kapitel »Verbrechen an Weihnachten« einzuordnen ist. Die Schlagzeile um den Jahreswechsel 2016/2017 lautete jedenfalls: »Hacker wollen Weihnachten verderben«.

Die Hackergruppe drohte damit, über die Feiertage die Netzwerke von Sony und Microsoft lahmzulegen und Spielern das Fest zu verderben. Mit sogenannten DDoS-Attacken wollten die Bösewichter von »Phantom Squad« (bitte nicht googeln, man fängt sich damit einen fiesen Trojaner ein!) die Netzwerke von Spieleanbietern offline nehmen. Dabei dringen Angreifer nicht in Systeme ein, sondern zwingen Server durch eine große Zahl von Anfragen in die Knie, die beispielsweise von Zombie-Computern eines Botnetzes verschickt werden. Ob solche Schläge gegen die verhassten Konzerne gelingen, weiß man nicht, die erpressbar gewordenen Firmen schweigen dazu.

DDoS (Distributed Denial of Service) -Attacken gehören inzwischen zu den häufigsten Cyberattacken. Vor allem gegen die Industrie und das Finanzwesen werden diese mächtigen Aktionen eingesetzt, um Unternehmen unter Druck zu setzen und hohe Summen als Schutzgeld einzufordern. Auch im Bereich der militärischen (und wohl auch terroristischen) Cyberspionage gehören DDoS-Angriffe zum Standardrepertoire der Gegenseite. Und Weihnachten ist auch hier ein guter Zeitpunkt zum Angriff. Alles schläft, einsam wacht …

Resümee
Der Uropa erzählte am Heiligen Abend vom Ersten Weltkrieg, der Opa vom Zweiten Weltkrieg, der Vater von der RAF (wie er einmal Andreas Baader eine

Nacht Unterschlupf gewährt hatte) – und der Enkel erzählt schließlich von einer erfolgreichen DDoS-Attacke. Weihnachten ist die Zeit, in der sich die Generationen näherkommen.

Computergenerierte Beiträge

Liebe Außerirdische, unsere Computer können inzwischen selbst Buchbeiträge generieren, meiner hat sich beim Thema Weihnachten sofort auf das Lied »Stille Nacht« gestürzt und es nach allen Seiten hin permutiert, verzerrt und bis zur Unkenntlichkeit verhunzt. Der erste Beitrag ist erstellt von einem Anagramm-Generator:

> NIL LATSCHTE
> CANT HE STILL
> ALTEN LICHTS
> NAHT CELLIST
> CHINA STELLT
> TINA SCHELLT
> ECHT IN STALL
> STELLT ICH AN
> STILLE NACHT

Der zweite Beitrag ist das Ergebnis einer automatischen Übersetzung. Der Algorithmus erfasst hierbei das Typische an einer Sprache und arbeitet es bei der Übertragung heraus:

> (ital.)
> stillolo nachtoli,
> eiloli nachtola,

alloli slaffolo,
einsali wachtola …

(russ.)
schtilltschow nachtschkow,
heilitschtscha nachtschkow,
alltschkow schlafftschkow,
oinsum wachtschkow …

(dän.)
støle nørre høløge nørre
øllelle slørre ørrørre wørre

Die dritte Computerbearbeitung von »Stille Nacht, heilige Nacht« verwendet die erste Strophe des Liedes und stellt es als Sprach-Oszillogramm dar:

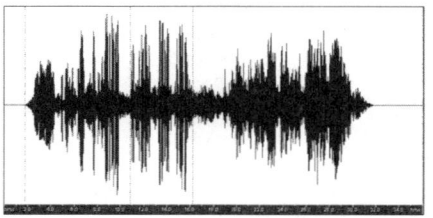

Sehen die Amplituden des Oszillogramms nicht ein bisschen wie ein Weihnachtsbaum aus? (Man muss ihn sich freilich liegend vorstellen.

Ein weiteres Computerprogramm hat alle Buchstaben und Satzzeichen, die in der erste Strophe vor-
kommen, endlich einmal alphabetisch sortiert:

aaaaaaaaaaaaaa

ä

b

ccccccccc

dd

eeeeeeeeeeeeee

fff

ggg

hhhhhhhhhhhhhhhh

iiiiiiiiiiii

kk

llllllllllll

mmmmmm

nnnnnnnn

oo

p

rrrrrrrrr

sssssssss

ttttttt

uuuu

w

!!!

,,,

.

,,,

» «

Und was ist dadurch entstanden? Doch nicht etwa wieder ein Weihnachtsbaum?

Dann kam der Computer in Weihnachtsstimmung und generierte folgende Zugabe:

Schneise lieselt das Reh,
sill und lall stuht der Steh,
geiwachtlich wänzet der Schald,
breue mich, 's Mistfink pommt falt.

Der grantige Hirte

Wie so oft in Bibeltexten, ist auch die Geschichte um die Hirten rund um die Krippe skizzenhaft knapp gehalten:

> »In derselben Gegend waren Hirten auf freiem Felde und hielten Nachtwache bei ihrer Herde. Da trat ein Engel zu den Hirten und sie fürchteten sich sehr.«
> *Lukas, 8.9*

Das verdient etwas ausführlicher geschildert zu werden. In dieser Variation sollte der österreichisch-grantige Aspekt mitgelesen werden.

Etwas abseits von den anderen saß ein Hirte, der melancholisch (um nicht zu sagen depressiv) in den Nachthimmel blickte. Als der Engel hinter ihn trat und die berühmten Worte im Mund führte, sagte der Hirte, ohne sich umzublicken:

»I fürcht mi eh net.«

»Dann sieh mich zuerst an, dann wirst du dich schon fürchten«, sagte der Engel milde.

»Lieber Herr, erst soll ich mich net fürchten, jetzt soll ich mich wieder fürchten. Überlegns Ihnen vorher, was' wolln, bevor Sie einen melancholischen Hirten aus seiner Nachdenklichkeit reißen.«

Der Engel war etwas verwirrt, und er sagte, immer noch sanft: »Normalerweise läuft das so: Ich erscheine, die Leute fürchten sich, ich sage ›Fürchtet euch nicht!‹, und dann schicke ich sie nach Bethlehem.«

»I fürcht mi aber von Haus aus net. I bin heut grantig, und da bleibt kein Platz für andere Gefühle.«

»Warum bist du – grantig?«, fragte der Engel besorgt.

»Sie haben keine Ahnung vom Grantigsein, lieber Herr. Fürs Grantigsein brauch i kein Grund. Das ist eine naturgegebene Befindlichkeit. Ein Aggregatszustand der Nachdenklichkeit.«

»Aber heute ist doch ein besonderer Tag!«

»Waas i eh. Bethlehem. Ein weltgeschichtlicher Wendepunkt. Aber grad an so einem besonderen Tag bin i bsonders grantig. Das ist meine spiegelbildliche Art, Freude zu zeigen. Erst wenn ich lach, dann muss man sich vor mir fürchten.«

»Du sollst dich doch vor mir fürchten!«, sagte der

Engel weinerlich. »Ich bin der Engel und du bist der Hirte.«

»Jetzt fangt der schon wieder an mit dem Fürchten!«, sagte der Hirte, drehte sich um und blickte dem Engel erst jetzt ins Gesicht.

»Und, jetzt?«, sagte der Engel voller Hoffnung.

»Jaja, mich schaudert«, sagte der Hirte matt.

Der Engel war jetzt beleidigt. Seine Engelsgeduld war zu Ende. Er hob den Hirten in die Lüfte und trug ihn aus Galiläa weg in den damals noch unwirtlichen Norden. Er setzte den Grantler an einer unbewohnten Biegung der Donau ab. Der Hirte blickte auch dort melancholisch (um nicht zu sagen depressiv) in den Nachthimmel und gründete am nächsten Tag zusammen mit einer ungarischen Paprikahändlerin – Wien.

Die Hirten aus
dem Hinterhalt

»In derselben Gegend waren Hirten auf freiem Felde ...«

... aus der Sicht von Karl May:

Nach einem scharfen Ritt von Aicha-dum-schalla nach Hol-acha kam ich mit Winnetou über die Höhenzüge von En-schacha-la-ta in das Abr-ku-tattl-Tal. Es dämmerte, und von Ferne sahen wir ein Lagerfeuer brennen. Beim Näherkommen bemerkten wir, dass drei Dutzend Männer um das Feuer saßen, um sich daran zu wärmen.

»Hirten«, sagte mein Freund Winnetou. »Es sind Hirten.«

Ich nickte. Es waren Hirten. Wir stiegen von unseren Pferden und führten sie an die Tränke. Leise schlichen wir uns an den Hirten vorbei.

»Es sind böse Menschen«, sagte Winnetou.

»Ja, sie sind betrunken«, fügte ich hinzu. »Wir übernachten dort im Stall.«

Als wir eintraten, fiel uns als Erstes der Säugling ins Auge, der in einem Futtertrog lag und schlief. Ein

Mann und eine Frau beugten sich über ihn. Als sie uns bemerkten, stellten sie sich als Maria und Josef vor. Ich wollte gerade fragen, ob wir hier nächtigen können, als die Türe aufgerissen wurde und ein hässlicher Bursche eintrat, den wir schon vorhin am Lagerfeuer bemerkt hatten.

»Raus hier!«, schrie er. »Raus aus unserem Getränkelager!«

Josef trat ihm entgegen, doch der unansehnliche Bursche stieß ihn beiseite. Mein Freund Winnetou hob die Hände, was bei den Apachen so viel wie Frieden bedeutet, doch da stürzten auch schon drei andere Hirten herein, einer grobschlächtiger als der andere. Sie gingen mit erhobenen Fäusten auf Josef zu, um ihn zu packen und aus der Hütte zu zerren, doch der wusste sich zu wehren. Er holte aus und schlug einen der Hirten nieder. Ich sah es an den muskulösen Unterarmen des Mannes, dass er Handwerker war. Da stürzten sich die anderen Hirten auf ihn. Wir mussten eingreifen und den armen Leuten helfen. Ich nickte Winnetou zu. Der Apachenhäuptling holte mit seinem Gewehrkolben aus und versetzte zwei der üblen Gesellen einen Schlag in die Kniekehlen, worauf sie jaulend zu Boden gingen. Doch das machte die anderen nur noch wütender, und sie stürzten sich schreiend auf uns. Durch den Lärm aufmerksam gemacht, eilten immer mehr Hirten herbei und drängten sich in den Stall. Ich hob einen, der mit dem Messer auf mich losging, hoch und warf ihn an die Wand. Doch es wurden immer mehr. Ich blickte mich um. Dort hinten kämpfte die Frau. Sie hatte die Ärmel hochgekrempelt, und ich sah es sofort an ihren kräftigen Unterarmen, dass sie einmal als Bedienung gearbeitet hatte. Gerade umfasste sie einen der Hirten am Hals und schleuderte ihn zu Boden. Einem anderen gab sie eine derbe Maulschelle, dass er durch die löchrige Holzwand stürzte. Doch uns gingen langsam die Kräfte aus. Die Überzahl war einfach zu groß. Plötzlich sprang die Tür auf, doch anstatt noch mehr der üblen Gesellen bekamen wir Hilfe von unerwarteter Seite. Drei Muselmänner, dem Anschein nach gekrönte Häupter, traten herein, erfassten die Situation und halfen uns mit ihren scharfen Krummsäbeln, das betrunkene Gesindel aus der Hütte zu vertreiben. Gerettet. Maria und Josef beugten sich wieder über die Krippe. Komisch, das Kind war unverletzt geblieben. Es lachte wie ein junger Gott. Ein Wunder. Erschöpft knieten wir uns nieder.

Die Krippe

Gegen keines der zehn mosaischen Gebote wird so sorglos und oft verstoßen wie gegen das zweite, das da lautet:

> »Du sollst dir kein Bild machen von unserem Herrn und Gott.«

Was wären aber die großen Künstler des Mittelalters, der Renaissance und des Barock ohne ihre prächtigen Darstellungen Gottes, des Schöpfers, des alten Mannes im weißen Bart? Michelangelo hat gegen das zweite Gebot hundertmal verstoßen, man denke nur an die »Erschaffung Adams« oder an die »Pietà«, aber auch alle anderen Deckenfreskenmaler, Bildhauer und Herrgottschnitzer hatten wohl eine ziemlich klare Vorstellung, wie Gott aussieht, wo er wohnt und welche Kleidung er trägt.

Dabei gibt es mehrere Bibelstellen, die sich mit dem Bilderverbot beschäftigen, und sie sind gar nicht so ungenau:

> »Macht euch kein Gottesbildnis, das irgendetwas darstellt, keine Statue, kein Abbild eines männlichen oder

weiblichen Wesens, kein Abbild irgendeines Tiers, das auf der Erde lebt, kein Abbild irgendeines gefiederten Vogels, der am Himmel fliegt, kein Abbild irgendeines Tiers, das am Boden kriecht, und kein Abbild irgendeines Meerestieres im Wasser unter der Erde.«
(5. Moses, 4.8)

Die Stellung des Christentums zum Abbildungsverbot war ambivalent. In dem ersten großen Bilderstreit von 726 bis 842 siegten die Abbildungsbefürworter, und die christliche Kunst nahm einen enormen Aufschwung. Die Reformation brachte den zweiten großen Bilderstreit, von 1522 bis 1566 wurden in weiten Teilen Europas Bilder, Reliefs und Statuen aus den Kirchen entfernt, oft auch gewaltsam. Im 19. Jahrhundert war das Verbot jedoch so aufgeweicht, dass es eigentlich keiner mehr ernst nahm. Nur sehr strenge Puristen wetterten zum Beispiel dagegen, Weihnachtskrippen aufzubauen, um dort heilige und göttliche Pappmachéfiguren hineinzustellen.

Im Bayrischen Nationalmuseum in München wird eine der weltweit größten und wertvollsten Krippensammlungen gezeigt. Da wird es besonders deutlich: Beim Krippenbau und in der Krippenkunst sind Dramatik und theatralischer Pathos gefragt. Zu den berühmtesten Krippen zählen bis heute neben den alpenländischen die neapolitanischen Krippen, die ausdrucksstarken Gesichter dort erinnern an die Masken der italienischen Commedia dell'arte. Ein Beispiel ist Max Schmederers Krippe »Straße in Neapel mit Marktszenen«, ein dreidimensionales Wimmelbild mit lebensecht geformten Verkäufern und Kunden, herumstreunenden Tieren und üppigem Warenangebot. Ein anderes Beispiel ist die Krippe »Anbetung der Könige in einem Marmorpalast« (verschiedene Meister), in der im Tross der Heiligen Drei Könige eine ganze Blaskapelle mit vierzig Musikanten aufmarschiert. Die Szene der Geburt Christi wird also oft in äußerst prächtige und detailreiche Straßen- und Marktszenen eingebettet, so dass die Darstellung der Geburt oft nur noch Nebensache scheint. Im Barock wurden auch in Österreich und Süddeutschland viele Krippen nach neapolitanischem Vorbild geschaffen.

Doch ab und zu machte man sich doch wieder Gedanken wegen des zweiten Gebots. Unter Kaiserin Maria Theresia und Joseph II. wurden Weihnachtskrippen durch mehrere Verbote aus den öffentlichen Gebäuden, also vor allem aus den Kirchen, verbannt. Ein ähnliches Verbot erließ Erzbischof Hieronymus Franz Josef von Colloredo-Mannsfeld am 22. November 1784 für das Fürstbistum Salzburg. Gerade dadurch erhielten die Weihnachtskrippen aber triumphalen Einzug in den privaten Bereich.

Dies blieb so, auch nachdem die Verbote aufgehoben wurden.

Zum üblichen Personal kommen reichlich Nebenfiguren, zum Beispiel der Verkündigungsengel, das Gefolge der Heiligen Drei Könige oder die Familien der Hirten. Doch daneben tauchen auch manchmal recht eigenartige Figuren auf. Da ist etwa der »Nickneger«, der bis vor zwanzig Jahren noch in den Kirchenkrippen aufgestellt wurde. Es war eine Sarotti-Mohr-ähnliche Figur mit Turban und übergroßen Augen. Warf man eine Münze in das Kästchen vor dem NN, dann beugte er mehrmals dankend den Kopf. Das ist natürlich inzwischen nicht mehr akzeptabel, deswegen vergammeln jetzt die ausgedienten NN's auf den Speichern der Pfarrhäuser, und nur einmal im Jahr, wenn der Mesner hinaufsteigt und die anderen Figuren auspackt und mit hinunter nimmt, nickt der zurückbleibende ehemalige Spendeneintreiber traurig, weil er weiß, dass es jetzt ein ganzes Jahr wieder nichts zu nicken gibt.

Eine nicht weniger anstößige Krippenfigur kommt wiederum aus Katalonien. Es ist der »Caganer« – was »cagar« im Katalanischen bedeutet, wissen wir ja schon. Das »Scheißerle« ist eine bäuerliche Figur, die mit heruntergelassener Hose am Rande von Christi Geburt seine Notdurft verrichtet. Den Caganer aufzustellen ist ein uralter Brauch, gegen den auch die katholische Kirche nichts einzuwenden hat, die doch auf der iberischen Halbinsel traditionell ultrakonservativ und säuerlich bissig ist. Es gibt mehrere Theorien über den tieferen (und mehr als bloß provokanten) Sinn dieser Figur. Die einen sagen, das Scheißerle sei Symbol für den ausgewogenen und vollständigen Kreislauf der Natur, das ewige Geben und Nehmen, das Essen und Düngen. Andere weisen darauf hin, dass gerade das Allerheiligste eine allerprofanste Entsprechung brauche. Oder war man in vergangenen Zeiten einfach weniger verklemmt? Wenn man schließlich Sigmund Freud glauben will, gibt es einen frühkindlichen Zusammenhang zwischen Fäkalien und Geschenk zu nennen. Der Bauer kann, psychoanalytisch gedeutet, dem Christkind nichts anderes schenken als das, was er sich anschickt zu produzieren.

Doch nun genug mit anstößigen Krippenfiguren. Man könnte einen Schritt in die andere Richtung gehen und die Krippe als solche insgesamt zeitgeistig erneuern und an die jeweiligen gebürsteten und gekämmten Zielgruppen anpassen:

Krippen für verschiedene
soziologische Schichten

Die grüne Krippe
Vollständig recycelbar, aus heimischen, nachhaltig geschlagenen Hölzern. Die Figuren handgetöpfert und mit lösungsmittelfreier Farbe bemalt. Die Hirten wärmen sich an einem Feuer, das rückstandsfreie Holzpellets verbrennt. Die Hütte ist ausgestattet mit Dämmstoffen aus Flachs und Hanf. Das Christkind lacht, denn der CO_2-Fußabdruck geht gegen null …

Die Krippe für Fußballfans
Statt der Krippe ein kleines, halbüberdachtes Fußballstadion, im Strafraum die Heilige Familie, alle tragen den blauen Hoffenheimschal (abnehmbar und durch den eines anderen Vereins ersetzbar). Auf den Rängen 30 000 kleine Figuren, ebenfalls mit abnehmbaren Schals. Ein Spruchband: »Anstoß zur Christenheit« …

Die Krippe für Wintersportliebhaber
Die Krippe selbst liegt in einem Talkessel. Drum herum verschneite Berge. Die Heiligen Drei Könige im Dreierbob, die Hirten auf Langlaufskiern. Der Engel der Verkündigung als Abfahrtsläufer, mit we-

hendem Schal. Hinter der Krippe ein zugefrorener Teich, auf dem Maria und Josef eiskunstlaufend die Todesspirale zeigen. Statt des Sterns von Bethlehem: eine Schneekanone.

Die afrikanische Krippe
Keine Krippe, sondern ein Nomadenzelt. Statt Ochs und Esel Löwen und Elefanten. Sandstürme. Skorpione. Die drei heiligen Scheichs reiten auf Kamelen. Vorn die Figur eines Europäers in Buschhemd und Tropenhelm, der nickt, wenn man eine Münze einwirft.

Die Krippe für Filmliebhaber
Am Dachfirst ein großes Schild mit der Inschrift *Bates' Motel*, im Hintergrund ein viktorianisches Haus, in dessen Fenster eine alte, unbewegliche Frau sitzt. Im Inneren der Krippe seilt sich Tom Cruise vorsichtig über dem Jesuskind ab. Seitlich ein Bett, in dem Bill Murray liegt – der Wecker auf seinem Nachtkästchen ist auf 6:00 Uhr gestellt, der Kalender zeigt den 2. Februar. Dazu ein Murmeltier. Oben auf dem Dach landet Mary Poppins mit aufgespanntem Regenschirm. Auf dem Dachgiebel stehen Josef und Maria, er hält sie von hinten fest, sie hat die Arme ausgebreitet und die Augen geschlossen. Jack Nicolson dringt mit einer Axt in die Hütte ein. Auf seinem Gesicht ein irres Lachen. Eine Sprechblase: *Here's Johnny!*

Die Krippe für Spieler von »Dungeons & Dragons«, dem ultimativen Pen-&-Paper-Rollenspiel für aufregende Dezemberabende

Im Heu ist das *Zimtplätzchen der Macht* versteckt, auf dem Dach wimmelt es von Zombies, Trollen, Elfen, Rentieren und Nikoläusen. Neben der Hütte ein Teich mit Wassernixen, der von siebenschwänzigen Feuerdämonen, mehrköpfigen Schafen und Zauberhirten bewacht wird. In der Krippe ein Schlangennest mit hyperintelligenten Kreuzottern, die hochkonzentrierte Salpetersäure spucken. An der Wand ein Regal mit Zaubertränken. Ziel des Spieles ist es, das Jesuskind aus den Klauen von Maria und Josef zu befreien und seinen wahren Eltern zurückzugeben.

Die moderne Krippe

Bestehend aus zwei nebeneinanderstehenden, identischen Krippen. In der einen befindet sich Maria, in der anderen Josef. Gemeinsames Sorgerecht: Das Jesuskind wechselt täglich zwischen beiden.

 Und auf dem Siegertreppchen steht …

Die Krimi-Krippe

Prächtig ärmlich ausgestattet, mit Kinderwiege, Heuhaufen und zerrissenem Dach, mit allem eben, das man so kennt – nur ohne Figuren. Die Krippe ist geeignet für Spurensucher und Leser von Kriminalromanen, die Freude daran finden, darüber nachzugrübeln, welches Verbrechen hier geschehen sein könnte. Gibt es Spuren von Josef und Maria? Was bedeutet die umgestürzte Wiege? Fehlt Heu? Sind Fußabdrücke erkennbar? Warum brennt die Stalllaterne immer noch? Fragen über Fragen. Die leere Krippe wird geliefert mit Lupe, DNA-Test-Set und (widersprüchlichen) Zeugenaussagen von 12 Hirten.

Der vierte
Heiligendreikönig

Die Vier ist eine bedeutende und symbolisch hoch-aufgeladene Zahl. Wesentlich aufgeladener als die banale Drei. Die vier Elemente. Die vier Gliedmaßen, Jahreszeiten, Evangelisten, Grundrechenarten, Temperamente. Die vier apokalyptischen Reiter. Die Vier Fäuste für ein Halleluja. Die Fantastischen Vier. So auch bei den Weisen aus dem Morgenland.

Dort wird immer nur von den *drei* Heiligendreikönigen geredet, doch es gab einen vierten Heiligendreikönig, der war Physikus und Astronom aus Damaskus.

»Geht ihr ruhig mal«, sagte er zu den anderen drei Weisen, »nehmt sicherheitshalber Geschenke mit, man weiß ja nie, aber meiner Ansicht nach ist das eine stinknormale Supernova, die man da am Himmel sieht.«

Die anderen zogen los, und als sie nach Monaten wieder zurückkamen, fragte der Physikus, wie es denn gewesen war.

»Nicht so besonders«, sagte Kaspar. »Du hast vielleicht recht gehabt. Wir sind in den Stall gegangen und haben unsere Geschenke dargebracht. Aber die Leute waren ausgesprochen undankbar.«

»Wie das?«

»Die Frau, die sich als Maria vorgestellt hatte, fragte, was sie mit Gold, Weihrauch und Myrrhe anfangen solle«, führte Melchior aus. »Warum wir keine Windeln, Babynahrung und Decken mitgebracht hätten.«

»Was habt ihr geantwortet?«

Balthasar schüttelte den Kopf.

»Dass Windeln, Babynahrung und Decken keinen so großen Symbolwert hätten.«

»Wir wollten schon wieder gehen«, sagte Kaspar. »Aber dann ist was Komisches passiert. Der Kleine ist aufgewacht und hat die Hand nach einem meiner Goldstücke ausgestreckt. Ich habe ihm eines gegeben, er hat es sich gegriffen, es in der Hand zerquetscht, und das Goldstück hat sich in eine Brezel verwandelt. Er hat davon abgebissen.«

»Ja, wir schwören, so war es«, sagte Melchior.

»Was ihr für Geschichten erzählt«, sagte der vierte Heiligendreikönig und wandte sich wieder seinen Sternenberechnungen zu.

»Es ist ein Wunder«, sagte der fünfte der Heiligendreikönige leise, der bisher still in der Ecke gesessen hatte.

Die Fünf ist eine bedeutende und symbolisch hoch-
aufgeladene Zahl. Wesentlich aufgeladener als die
banale Vier. Die fünf olympischen Ringe. Die fünf
Sinne, Erdteile, Akte eines Shakespearedramas. Der
Moderne Fünfkampf. Chanel N° 5 …

Little Drummer Boy

♫ Come they told me
Pa rum pum pum pum
A new born King to see
Pa rum pum pum pum

Our finest gifts we bring
Pa rum pum pum pum
To lay before the King
Pa rum pum pum pum,
rum pum pum pum,
rum pum pum pum

Vorsicht! Dieses Lied hat Ohrwurm-Charakter. Wenn man das Getrommel einmal gehört hat, verfolgt es einen noch tagelang. In den USA ist die Geschichte vom »Little Drummer Boy« das Weihnachtslied schlechthin. Es wurde 1941 unter dem ursprünglichen Titel »The Carol of the Drum« von Katherine K. Davis geschrieben. Bekannt geworden ist das Lied in der Version der Trapp Family Singers Mitte der 1950er Jahre – die Trapps waren nach Amerika emigrierte Österreicher.

Die Liste der Interpreten vom Little Drummer Boy ist noch länger als die vom Holden Knaben im lockigen Haar. Hervorzuheben ist die Version von **Ray Charles**, der die Sache gezähmt soulig angeht. Die Band **7 mile** steuert eine fetzige Rhythm & Blues-Interpretation bei. Auch **Bob Dylan** hat den Drummer Boy zur Gitarre gesungen, genial geschludert wie immer, leider ohne Mundharmonikasolo. **Ringo Starr**, der Beatles-Schlagzeuger, hat den kleinen Song standesgemäß mit wahrhaft weltmeisterlichem Getrommel aufgemotzt. Man kann sich lebhaft vorstellen, wie Ringo seine Schießbude vor Maria und Josef aufbaut und mit poppigem Getöse loslegt.

Der Inhalt des Liedes ist reichlich skurril: Alle, die zum Stall in Bethlehem kommen, bringen dem Jesuskind Geschenke, nur der kleine Trommlerjunge hat keines dabei, also bietet er Maria an, für sie und das Kind zu trommeln. Die Jesusmutter hat ein Einsehen und nimmt sein »Parapapapam« an. Ochsen, Esel und Lämmer stampfen im Takt mit, geben sogar den Takt vor (»kept time«). Das Jesuskind lächelt über das sonderbare Geschenk (»Then He smiled at me, pa rum pum pum pum, me and my drum«). Man stelle sich vor, es wäre kein Trommlerjunge vorbeigekommen, sondern ein Pianist (klimperdiklimp), ein Tenor (knödeldiknö). Oder ein Politiker (schwafeldischwaf).

Es gibt auch eine Version des Gitarristen **Jimi Hendrix**, aufgenommen ein Jahr vor seinem Tod. Er hat das Lied mit Verzerrer und Wah-wah-Gitarre entkitscht, sozusagen ent-Bing-Crosby-siert. Sehr schräg kommt bei ihm der Drummer Boy plötzlich des Wegs, auf eigenartige Weise entmilitarisiert und auf LSD-Trip. Es würde einen nicht wundern, wenn Jimi Hendrix nach der Aufnahme (wie schon einmal in Monterey) seine Gitarre angezündet hätte. Die Geschichte vom Little Drummer Boy lässt sich jedoch auch wieder ganz derb-prosaisch deuten. Am Schluss des Liedes heißt es:

Then He smiled at me,
pa rum pum pum pum,
me and my drum …

Das Jesuskind lächelt also, als es den Jungen und seine Trommel sieht? Die »Trommel« ist in vielen Sprachen ein Euphemismus für den Hintern, das Gesäß. Heutzutage würde man es »Mooning« nennen, was der Little Drummer Boy da macht, im Altertum hieß es »Anasyrma«, also das Entblößen des Gesäßes in kultisch-magischem Zusammenhang, zur Abwehr von Gefahren, aber auch, um grimmige Götter zum Lachen zu bringen und dadurch versöhnlich zu stimmen. Lacht das kleine Jesuskind etwa darüber? Und wie geht es weiter mit dem Little Drummer Boy? Was macht er nach seinem großen Auftritt in der heiligen Hütte?

Der kleine Trommlerjunge ging weiter, Richtung Galiläa, und er bekam großen Hunger. Er kehrte in ein Wirtshaus ein, und als er gegessen und getrunken hatte, holte er abermals seine Trommel hervor und spielte einen Marsch, um seinen Braten zu bezahlen. Er wanderte weiter, kam schließlich nach Toledo in Spanien, verliebte sich dort in Dulcinea und trommelte ihr um Mitternacht ein Ständchen, worauf sie ihn erhörte.

»Das ist mal ganz was anderes«, sagte Dulcinea begeistert.

Schließlich verschlug es den kleinen Trommlerjungen nach Deutschland, in die Schreibstube von Günter Grass.

»Gute Idee«, sagte Günter Grass.

Hüllen aus der Hölle

Der Trommler Ringo Starr hat übrigens als Einziger der Beatles ein vollständiges Weihnachtsalbum herausgebracht. Es heißt »I wanna be Santa Claus« und enthält neben Standards wie »White Christmas« oder den eben zerpflückten »Little Drummer Boy« auch Eigenkompositionen wie das Titellied.

Das Besondere daran: Alle Beatles hatten zuvor lediglich eine einzige im Handel erhältliche Weihnachtssingle eingespielt. Die Rolling Stones übrigens nie! (Die weihnachtlich gecoverten Versionen von »You Can't Always Get What You Want« gelten natürlich nicht.) Den Anfang machte John Lennon im Dezember 1971 mit dem Vietnamkrieg-Protestlied »Happy Christmas (War Is Over)«. Das Stück beginnt mit gesprochenen Weihnachtsgrüßen von Ono und Lennon an ihre Kinder Kyoko und Julian. Das Lied wurde eines der beliebtesten Weihnachtslieder im englischsprachigen Raum. Am 25. Dezember 1974 folgte George Harrison mit »Ding Dong, Ding Dong«, dann Paul McCartney 1979 mit »Wonderful Christmastime«. Auch McCartneys Song zählt zu den populärsten Weihnachtsliedern der Popgeschichte. Ansonsten haben sich die Beatles und die späteren Ex-Beatles offenbar immer geweigert, ein geschäftsträchtiges Weihnachtsalbum herauszubringen. Die Pop-Kritiker zählen die Lieder auch zu den schwächeren Leistungen der Beatles. Das Album von Ringo Starr (erschienen 1999) wurde besonders verrissen. Leider ist »Silent Night« nicht dabei, seine Plastikpopversion wäre interessant gewesen. Hatte Ringo wie alle Beatles eine Abneigung gegen den ¾-Takt? (»Norwegian Wood« ist einer ihrer wenigen Songs im Walzerrhythmus.) Wie auch immer: Gerade in der Auftragsarbeit zeigt sich der Meister.

Hervorhebenswert ist die Covergestaltung des Albums von Ringo Starr. Der psychedelische Look der Sechziger- und Siebzigerjahre springt ins Auge. Der »Spiegel« hat »I wanna be Santa Claus« unter die 44 grässlichsten Weihnachtsalbum-Covers (»Hüllen aus der Hölle«) gereiht, die Kollektion ist wirklich sehenswert. Alle Platten- und CD-Hüllen kann man getrost neben die vorher geschilderten hässlichen Weihnachtspullis legen. Oder ist es bloß der Zeitgeist der Siebziger und Achtziger, und die Schlaghosen-Doofis haben das damals gar nicht bemerkt? Ringos Album ist als Nummer 35 gelistet. Mein Favorit, liebe Aliens, ist jedoch die Nummer 22: »Christmas in Zitherland«, eine Sammlung von Carols der amerikanischen Zitherspielerin Ruth Welcome. Ihre honigsüße »Silent-Night-Variation« ist hörenswert.

Weihnachtliche Kinderverse

Patschi, patschi, Handi,
der Onkel und die Tanti
würzen der Jasmin
den Glühwein mit Strychnin.

Patschi, patschi, Handi,
der Onkel und die Tanti
gebn dem kleinen Zuckermäusel
Gift in seinen Zimtsternstreusel

Patschi, patschi, Handi,
der Onkel und die Tanti
schicken ihren Isidor
Weihnachten ins feuchte Moor.

Patschi, patschi, Handi,
der Onkel bäckt der Tanti
und dem kleinen Lucki
Stacheldraht ins Cookie.

Patschi, patschi, Handi,
der Onkel und die Tanti
gebn dem kleinen Nikolaus
Rattengift. Und aus die Maus.

Fakten, Fakten, Fakten

☆ 2012 wurden zwei Drittel alles weltweit zu Weihnachten gekauften Spielzeugs in China hergestellt.

☆ Der Schädel des 1848 verstorbenen Joseph Mohr, des Textdichters von »Stille Nacht«, wurde 1912 exhumiert, um anhand dessen ein möglichst authentisches Abbild von ihm für ein geplantes Denkmal herstellen zu können. Der Schädel kam jedoch nicht ins Grab nach Wagrain zurück, sondern wurde in der neu errichteten Stille-Nacht-Kapelle in Oberndorf bei Salzburg eingemauert. Die Einweihung der Kapelle sowie die Einmauerung des Schädels fanden erst 1937 statt.

☆ Nach dem Volkskundler Friedrich Sieber gibt es in vielen Regionen (Österreich, Spreewald) die Sage, dass Tiere am Heiligabend sprechen können – an der ostfriesischen Küste soll das sogar für Menschen gelten. Wie auch immer – wenn man neugierig ist und die Unterhaltungen belauscht, erfährt man nur etwas über seinen eigenen Tod.

☆ Rudolf Kunzmann betrieb 1956 eine kleine Weinkellerei in Augsburg-Pfersee. Er versetzte Wein mit Zucker und Gewürzen, füllte ihn in Flaschen und verkaufte ihn als »Glühwein«. Das Marktamt der Stadt Augsburg schickte wegen des Zuckers einen Bußgeldbescheid: Verstoß gegen das Weinrecht. Dieser Bußgeldbescheid ist Beleg für den ersten in Flaschen abgefüllten Glühwein in Deutschland.

☆ Ausgerechnet auf der »Weihnachtsinsel« (heute offiziell »Kiritimati«, dem englischen Wort »Christmas« nachgebildet) wird Weihnachten *nicht* gefeiert. Vermutlich gab es nur eine Ausnahme, nämlich am 24. Dezember 1777, als der Entdecker James Cook auf die Insel stieß und dort ein paar Tage mit seiner Mannschaft verbrachte.

☆ Singend über der Stratosphäre: am 16. Dezember 1965 leisteten sich die Astronauten von Gemini 6 in über 160 Kilometer Erdentfernung den Scherz, der Bodenkontrollstation zu melden, den Weihnachtsmann im Polarkreis gesichtet zu haben. Daraufhin spielten sie »Jingle Bells«, mit Mundharmonika und Schellenband. »Jingle Bells« war das erste Lied, das aus dem Weltraum übertragen wurde.

Weihnachtsbäuche aus aller Welt

In der Slowakei hat das Familienoberhaupt die Ehre,
eine tüchtige Portion Loksa (traditioneller Pudding)
an die Decke zu werfen. Es muss möglichst viel
kleben bleiben, das bringt Glück im nächsten Jahr.

Weihnachtsbäuche sind überlieferte Bestandteile des Weihnachtsfestes, ohne sie hätten die Tage um Heiligabend nicht diese exponierte Stellung im weltlichen und im Kirchenjahr. Regionale wie auch international über die ganze Welt verbreitete Bäuche sind, wie alles Bauchtum, in ständigem Wandel begriffen. Und die rührigen Bauchtumspfleger überall im Land bestätigen es: Je näher die Festtage rücken, desto mehr werden sich die Bäuche weltweit ähnlicher. Hier einige Beispiele.

Neunerlei wird das Weihnachtsessen genannt, das aus dem Erzgebirge stammt. Es besteht aus neun Gerichten, die nicht unbedingt festgelegt sind. Offensichtlich kommt es hier eher auf die Menge und vor allem auf die Zahl an. Die Zahl Neun taucht auch beim Weihnachtsgebäck auf: **Neunerlei Gewürz** ist der Name einer traditionellen Mischung für Lebkuchen, bestehend aus Piment, Zimt, Ingwer, Anis, Koriander, Kardamom, Muskat, Nelken und Fenchel. Die neun Gewürze sollen zwar vordergründig für eine gesteigerte, dreimalige Lobpreisung der Dreifaltigkeit Gottes stehen, wenn man genau hinsieht, steckt in der Zahl Neun jedoch viel Böses. In der nordischen Mythologie dauerte Odins Selbstopfer neun Tage, in der »Göttlichen Komödie« von Dante Alighieri besteht die Hölle aus Neun Kreisen. Und in der »Satanischen Bibel« des Obersatanisten Anton Szandor LaVey ist 9 die Zahl des Satans. Der »Misanthropic Luciferian Order« (»Temple of the Black Light«) kennt ein Ritual, in dem man neun Tropfen Blut aus dem linken Daumen opfert. Also Finger weg von Lebkuchen und erzgebirgischen Rezepten!

Sehr seltsam, die Schlesier: Für die **Schlesische Christtunke** (auch Weihnachtssoße oder Heiligabendtunke genannt) wird Honig- oder Frühstückskuchen in einer Mehlschwitze zu einem Brei zerkocht. Das allein ist schon eine befremdliche Vorstellung. Dazu kommen aber auch noch Pastinaken, Sellerie, Möhren, oft auch Speck. Beim Mahl selbst brockt man Weißbrot in die Christtunke, dazu werden schlesische Weißwürste (!) oder Fischstäbchen gereicht.

Über die Herkunft der **Weihnachtsgans** gibt es mehrere Legenden. Am hartnäckigsten hält sich die, dass sie aus England stammt. Am Heiligabend 1588 soll die damalige Königin Elizabeth I. gerade über ihrem (täglichen? morgendlichen?) Gänsebraten gesessen haben, als sie die Nachricht erreicht hat, dass die spanische Armada von den englischen Truppen besiegt worden war. Aus ihrer Freude darüber wurde der Gänsebraten in ganz England zum Weihnachtsbraten. So jedenfalls steht es jedes Jahr in allen Illustrierten und Weihnachtsbeilagen. Aber verwirrend ist es schon. Wenn man im Geschichtsbuch nachblättert, ist die stolze Armada im Herbst des Jahres 1588 untergegangen und nicht kurz vor Weihnachten! Aber vielleicht waren die reitenden Boten damals noch nicht so schnell gewesen. Und vielleicht wurde wegen der zweifelhaften Geschichte die Gans in England nach und nach durch den Truthahn abgelöst.

In vielen Regionen Deutschlands wiederum wird am Heiligabend ein **Weihnachtskarpfen** gegessen. Sein Ursprung: Christliche Familien aßen Fisch, weil die Fastenzeit, die Fisch, aber kein Fleisch zulässt, erst in der letzten Stunde des 24. Dezember endet. Der weihnachtliche Karpfen bietet aber bauchtumsmäßig noch mehr. Eine seiner Schuppen im Geldbeutel aufzubewahren bringt dem Träger Geldsegen im neuen Jahr. Aus den Kopfknochen lässt sich angeblich eine taubenähnliche Vogelgestalt zusammensetzen, die den Heiligen Geist repräsentiert und vor Hexen schützt. Im Mittelalter soll der Weihnachtskarpfen einigen Feinschmeckern (vermutlich Mönchen und Pfarrern) zu langweilig geworden sein. Sie verfügten, dass auch am Wasser lebende Tiere wie Gänse und Enten als Fische gelten. Das könnte eine weitere Herleitung der Weihnachtsgans sein.

Der traditionelle **Christstollen** soll seine Form und sein Aussehen vom eingewickelten Jesuskind haben. Der weiße Puderzucker steht dabei symbolisch für die Windel bzw. für das weiße Leinentuch, das das Christkind umhüllte.

In Dänemark und in Schweden wird am 24. eine Schüssel mit **Brei** auf die Fensterbank gestellt. Auf diese Weise sollen die Kobolde den Menschen wohlgesonnen bleiben. In Litauen ist es an Heiligabend Brauch, die Speisen vom Weihnachtstisch nicht abzudecken, damit die Seelen der verstorbenen Verwandten ebenfalls davon essen können.

> »Mami, für wen ist denn der Teller da?«
> »Der ist für unsere hungrigen Urahnen.«
> »Und wie viele kommen da so?«
> »Das ist verschieden. Je nachdem, wie viele von ihnen Hunger haben.«

»Hast du schon mal welche gesehen?«

»Ja, freilich, jedes Jahr sehe ich welche. Aber du musst jetzt ins Bett. Schlaf gut.«

»Aber sag mal, Mami: Du bist doch schon fünf Jahre tot.«

»Ja, aber geh jetzt rauf in dein Zimmer und träum was Schönes.«

Umfragen nach dem beliebtesten Weihnachtsessen ergaben: Die absoluten Klassiker an Heiligabend sind, zumindest in Deutschland, **Würstchen mit Kartoffelsalat** (36 Prozent). Die dahinter steckende Symbolik: Durch dieses einfache Essen soll an die Armut von Maria und Josef in der Nacht von Christi Geburt erinnert werden. Vielleicht war es aber auch so, dass Hermann der Cherusker, sozusagen der erste Deutsche, an Weihnachten 9 nach Chr. Kartoffelsalat gegessen hat. Da stürmte einer seiner Offiziere ins Zelt und rief: »O du Befreier Germaniens! Wir haben gegen Varus, dieses römische Würstchen, gewonnen!« Und seitdem …

Weihnachten als
deutscher Exportschlager

Das Weihnachtsfest ist, neben dem Oktoberfest, dem Blitzkrieg und der Kuckucksuhr, einer der größten deutschen Exportschlager. Beispiele gefällig? Der typisch amerikanische Weihnachtsmann ist schon einmal eine deutsche Erfindung, wobei hier nicht der Hl. Nikolaus, Bischof von Myra, gemeint ist, sondern der rotgekleidete, dickliche Weihnachtsmann mit Zipfelmütze, dessen Erfindung lange Zeit Coca-Cola zugeschrieben wurde. Die Natalogie (also die Weihnachtswissenschaft) weiß es besser. Schon 1863, im US-Bürgerkrieg, hatte der Karikaturist Thomas Nast in *Harper's Weekly* die erste Zeichnung von »Santa Claus« veröffentlicht. Coca-Cola hat diese Bilder später verwendet. Thomas Nast jedoch war ein deutscher Auswanderer aus Landau in der Pfalz. Na also.

Dann geht es Schlag auf Schlag. Weihnachtsbaum, Weihnachtskugeln, Lametta, Adventskranz, Glühwein, »Morgen kommt der Weihnachtsmann« – alles auf deutschem Mist gewachsen. Auch viele der berühmten Weihnachtssüßigkeiten haben ihren internationalen Siegeszug von hier aus begonnen: Nürnberger Lebkuchen, Aachener Printen, Pulsnitzer Pfefferkuchen, Dresdner Stollen ... Selbst das Weihnachtsdatum kommt sozusagen aus Deutschland. Der 25. Dezember wurde auf der Synode von Mainz 813 n. Chr. für die allgemeine öffentliche Feier festgelegt. Zusammengetreten ist die Synode übrigens auf Anordnung Kaiser Karls des Großen, und der war ja schließlich, nun ja, wenigstens zur Hälfte Deutscher.

Der absolute Exportschlager ist jedoch der »German Weihnachtsmarkt«, der sich, ähnlich wie das Oktoberfest, inzwischen auf der ganzen Welt findet. In Manchester hat allein dieser Markt jährlich 9 Millionen Besucher. Die Eigenwerbung von »Birmingham's Frankfurt Christmas Market« lautet:

> »The largest authentic German Christmas market outside of Germany or Austria! Pretzels, schnitzels, bratwursts, and roasted almonds will tempt your tastebuds, all of which can be washed down with gluhwein, weissbeer (wheat beer), or tasty hot chocolate.«

Ob es dort auch Weihnachtsgurken zu kaufen gibt? Ganz sicherlich. Die »Original German Christmas Pickles« haben Form und Farbe von ordinären Gewürzgurken, sind jedoch aus Glas gefertigt. Mehrere Exemplare davon werden an den Christbaum gehängt, und da sie nicht leicht zu entdecken sind, beginnt für die englischen und amerikanischen Kinder an Heiligabend das große Gurkensuchen. Die Regel will es, dass man den Baum dabei nicht berühren soll. Wenn doch, darf das Geschwisterchen ran, also eine Art von X-mas-Mikado. Vor allem die Amerikaner sind bis heute fest davon überzeugt, dass das Weihnachtsgurkenblasen, -hängen und -suchen eine uralte deutsche Tradition ist. Hierzulande jedoch ist der Brauch wenig bis gar nicht bekannt. Dabei wird im angelsächsischen Raum die äußerst plausibel klingende Geschichte von einem bayrischen Soldaten namens Hans Lauer erzählt, der als John Lower um 1860 im amerikanischen Bürgerkrieg mitgekämpft hat, ins Gefängnis kam und sterbenskrank wurde. »Den Tod vor Augen, bat er um eine Gurke«, heißt es. Sie wurde ihm gebracht, und er genas. Die Vereinigung der Glaskugel- und Christbaumschmuckhersteller weist zwar darauf hin, dass um 1900 im thüringischen Ort Lauscha die erste Urgurke geblasen wurde, dass das Gurkensuchen also sehr wohl ein deutscher Brauch gewesen sein könnte, trotzdem hat man in Deutschland kaum etwas von dem eigenartigen Baumschmuck gehört, bis er vor 20 Jahren wieder aus Amerika re-importiert wurde. Ein richtig prickelnder Pickle-Boom ist allerdings nicht daraus geworden.

Im größeren Zusammenhang mit Weihnachten taucht die Gurke noch ein weiteres Mal auf, an ganz unvermuteter Stelle, nämlich in der kunsthistorischen Renaissance, beim italienischen Maler Carlo Crivelli (um 1430 bis 1500), dessen Leidenschaft es gewesen sein muss, seine Gemälde, ob sie nun weltlich oder geistlich waren, mit Gurken zu schmücken. Besonders bei seinen Marienbildern ist das auffällig. Marias Begegnung mit dem Heiligen Geist oder ihr Besuch vom Engel der Verkündigung sind beliebte Motive in der sakralen Malerei, sie führen allesamt hin zum weihnachtlichen Geschehen. Auch wenn man versucht, die Gurke als Symbol für die Auferstehung oder gar für die Ursünde zu deuten, nimmt sich die ordinäre Frucht neben Mutter Maria doch recht skurril aus, besonders bei Crivellis Bildern »Die unbefleckte Empfängnis« (Gurke im Hintergrund) und »Die Verkündigung an Maria mit dem Heiligen Emidius« (Wimmelbild mit Gurke im Vordergrund). Wenn man genau nachforscht, hatte der Gurken-Crivelli wahrscheinlich deutsche Vorfahren.

Was Süßes

Nach dem Sauren soll das Süße zur Weihnacht folgen. Dazu ein Dichterwort. Johann Wolfgang von Goethe hat Marianne von Willemer 1832 in einem Brief gebeten, ihm einige **Offenbacher Pfeffernüsse** nach Weimar zu schicken. Ganz ohne hochwertige Gedanken ging es aber bei Goethe nicht, darum fügte er hinzu:

> »Die Menschheit, merke ich, mag noch so sehr zu ihrem höchsten Ziele vorschreiten, die Zuckerbäcker rucken immer nach; indem sich Geist und Herz immerfort reinigt, wird, wie ich fürchte, der Magen immer weiter seiner Verderbnis entgegengeführt.«

Dass Weihnachten die Zeit der Süßigkeiten ist, hat wohl zunächst den prosaischen Grund, dass Weihnachten die Zeit der zuckersüchtigen Kinder ist. Aber hat Zucker auch etwas mit Religion zu tun? In der arabischen Welt schon. Dort gibt es das **Zuckerfest** (arabisch Id al-Fitr, türkisch Şeker Bayramı), das den Monat Ramadan beendet und bei dem, wie der Name schon sagt, große Mengen an Süßgebäck verdrückt werden. In der christlichen Adventszeit, in der ehemals ebenfalls gefastet wurde, könnte der Zuckerregen über die Feiertage ähnlich fastenbrecherische Ursprünge haben. Nach langer Vorweihnachtszeit kommt der wohlige Flash genau richtig zur Geburt des Kindes. Es ist wie eine Erlösung, nur durch das Glückshormon Dopamin:

> Denn was die Seele dumpf umhüllt,
> wird plötzlich heiter, klar und mild.
> *(Wilhelm Busch, »Die Prise«)*

Natürlich ranken sich um die Weihnachtssüßigkeiten wiederum viele Fruchtbarkeitsbräuche. Ein im alemannischen Raum sehr beliebtes und traditionelles Wintergebäck ist das **Kletzenbrot**. Hauptbestandteil sind die Kletzen, also das Trocken- oder Dörrobst, meistens Pflaumen und Birnen, die im Anschnitt sichtbar sind und vielleicht so schon wieder den gewünschten Ausblick auf Frühjahr und Sommer geben sollen. Außen ist es häufig mit weißen Mandeln verziert, ein weiteres Symbol der Fruchtbarkeit, man denke an die »Hochzeitsmandeln«, die Brautpaaren gerne geschenkt werden. Die lange Haltbarkeit symbolisiert Beständigkeit. Das Kletzenbrot wird üblicherweise ein paar Tage vor dem Thomastag am 21. Dezember gebacken. Wenn die Bäuerin, die den Teig knetet, zwischendurch in den Garten geht und die Obstbäume mit den bemehlten Händen schüttelt, verspricht das eine reiche Obsternte im nächsten Jahr.

Nach dem Anschneiden des Kletzenbrotes verschenken die Frauen im heiratsfähigen Alter die Endstücke (»Scherzl«) an ihre Liebhaber, eine glatte Schnittkante signalisiert Zuneigung, eine raue Schnittkante bedeutet die Beendigung der Beziehung.

Die Härte des Langzeitkuchens kann nicht nur Dauerhaftigkeit bedeuten, sondern sogar das ewige Leben. Der **Totenknochen** ist ein hartes Mandelgebäck aus Deutschland, das man eigentlich nur zum Eindtischen verwenden kann. Die italienische Entsprechung dazu sind die **Cantuccini** (auch Cantucci oder Biscotti di Prato). Die traditionellen weihnachtlichen Plätzchen aus der italienischen Provinz Prato nahe Florenz werden wie Zwieback doppelt gebacken, wodurch sie mürbe und haltbar gemacht werden. Cantuccini werden gerne in den Süßwein Vin Santo eingetaucht. Die spanische Abart sind die **Rosegones**, die noch härter sind als die italienischen Plätzchen, dem stolzen, unbeirrbaren Volkscharakter des Landes geschuldet. Es gibt aber noch eine Steigerung. In Katalonien kennt man die **Carquinyolis**, die wirklich so hart sind, dass man sich die Zähne an ihnen ausbeißt und sie nur nach längerem Einlegen in Portwein genießen kann. Rund um die Stadt Girona erzählt man sich, im Stil einer urbanen Legende, gern die Geschichte von den hellhörigen Häusern, für die die katalanische Architektur berühmt ist.

In einem kleinen Bergdorf bei Girona hatte ein Baumeister mehrere luftige Häuser entworfen, die lediglich den Nachteil der Hellhörigkeit hatten. In dem schönen dreistöckigen Haus, in dem wir wohnten, konnte man nachts im dritten Stock deutlich vernehmen, wenn jemand im Erdgeschoss nieste oder hustete, bei großer Konzentration waren sogar Gespräche aus dem Keller zu verfolgen. Das besonders dünnwandige Zimmer unserer Großmutter lag direkt neben dem von uns Kindern. Weihnachten buk sie immer Unmengen von Plätzchen und verpackte sie in Blechschachteln, die sie an der Wand aufstapelte. Die Carquinyolis aber waren so hart, dass wir alles im Haus hörten, nur das laute Schnarchen der Großmutter im Nebenzimmer nicht.

Carquinyolis-Rezept zum Nachbacken

Dieses Rezept ist tatsächlich so zu finden unter
de.recidemia.com / wiki / Carquinyolis

Carquinyolis

Beschreibung
Mandel biscotti. Ich versuchte vor kurzem dieses biscotti-
Rezept und sagte mir, dass ich es teilen muss! Dies ist von
meiner Lieblingszeitschrift, »Saveur«. GENIESSEN SIE!!!

Bestandteile
3 Ei s
1 Tassen der Zucker von Konditoren
1 Tassen Mehl
1 Esslöffel lief auf Grund Anis
1 Esslöffel lief auf Grund Zimt
1¼ Teelöffel aktive trockene Hefe
½ Zitrone, Begeisterung von
1¼ Tassen toasteten Mandel s

Richtungen
1. Zuerst, wärmen Sie Ihren Backofen zu 375°F vor.
2. Zweitens, nehm ein Backenlaken, und säumt es mit
   Pergamentpapier und legte es beiseite.

3. Dann, nehmen Sie eine kleine Schüssel und schlagen Sie 1 Ei darin, und legte es beiseite.
4. Passen Sie danach Ihrem Stehenmixer mit dem Paddelzusatzteil.
5. Setzen Sie Ihr Zucker, Mehl, Anis, Zimt, Hefe, und Begeisterung in einen Stehen, der Schüssel vermischt, und vermischt gut mit dem Paddel.
6. Schlag in den bleibenden 2 Ei s eine zu einer Zeit, auf hoher Geschwindigkeit, das Vermischen nach jeder Addition gut.
7. Entfernen Sie die Schüssel von Mixer und Falte in Ihr Mandel s.
8. Dann werden Sie Ihren Teig auf einer gut bemehlten Oberfläche produzieren und werden es in Hälfte teilen.
9. Leicht Mehl Ihre Hände, die das Stecken verhinderten, und formt dann den Teig ungefähr 3 Zoll breit durch 14 Zoll lang in 2 etwas gemachte flach Zylinder.
10. Seien Sie sicher, Überschuss abzuweisen Mehl vom Teig mit einer trockenen Tortenbürste.
    Übergeben Sie die Teigzylinder bereiter Lakenpfanne dann vorsichtig und setzt sie ungefähr 4 Zoll auseinander.
11. Bürsten Sie die Teigzylinder mit dem Geschlagenen Ei Sie haben am Anfang vom Prozess beiseite gelegt.
12. Backen Sie 30 Minuten lang und umnebelt den Teig und den Backofen damit Wasser von einer Sprühdose bräunen alle 10 Minuten oder so, bis Kruste glänzend und dunkel ist, (nicht verbrannt) in Farbe.

13. Ziehen Sie vom Backofen um wenn erledigt, und erlaubt es ihnen, sich leicht abzukühlen.
14. Scheibe auf dem Vorurteil in ½ bewegt dicke Kekse zentimeterweise und übergibt den biscotti einem Drahtgestell, darum ihnen zu erlauben, sich vollständig abzukühlen.
15. Biscotti kann in einem luftdichten Behälter für bis zu 3 Tage gelagert werden.

(Wenn schon die Übersetzung so hart ist, wie mögen es dann die Plätzchen sein!)

Weihnachtsgedichte

»Es blaut die Nacht, die Sternlein blinken,
Schneeflöcklein leis herniedersinken.
Auf Edeltännleins grünem Wipfel
häuft sich ein kleiner weißer Zipfel …«

Schon klar, das ultimative Weihnachtsgedicht ist das von Loriot, der ohnehin alles auf den Punkt bringt: »Im Forsthaus kniet bei Kerzenschimmer / die Försterin im Herrenzimmer. / In dieser wunderschönen Nacht / hat sie den Förster umgebracht.« Wie auch immer: Weihnachten ist die rechte Zeit für Lyrik. Gereimte Zeilen sind auf geheimnisvolle Weise dezembrig, die Natur ist erstarrt, wie auch die sonst so frei dahinfließende Sprache in starre Jamben und eisige Trochäen gegossen wird. Wie man weiß, ist Lyrik im Allgemeinen nie ganz positiv, immer zweifelnd, ironisch, kritisch, doppelbödig, lauernd auf die nächste Metapher, sei sie nun treffend (ernste Lyrik) oder schräg (komische Lyrik) oder nichts davon (experimentelle Lyrik). Man weiß ja inzwischen, dass Menschen, die sich hauptsächlich mit Versfüßen und reinen Reimen beschäftigen, davon krank und unglücklich werden. Je schöner die Gedichte, desto kränker und unglücklicher. Ihr fragt nach Beispielen, ferne Außerirdische? Nun denn: Charles Baudelaire (Alkohol, Drogen, Syphilis, Schlaganfall), Arthur Rimbaud (Knochenkrebs, Bein amputiert), Paul Verlaine (Syphilis, Armut, seine zwei letzten Gedichte tragen die Titel »Tod!« und »Enttäuschung«), Friedrich Hölderlin (36 Jahre in »geistiger Verrückung«), Paul Celan (tödlicher Sprung in die Seine), Ingeborg Bachmann (Tabletten, Alkohol, brennende Zigarette beim Einschlafen), Heinrich Heine (die letzten Jahre bettlägerig in der Matratzengruft), Friedrich von Schiller (Tuberkulose), Friedrich Nietzsche (die letzten elf Jahre Pflegefall), Kurt Tucholsky (Selbstmord) … Genügt euch das, liebe Außerirdische? Die Reihe ließe sich noch endlos fortsetzen. Lyrik ist nicht gesund. Jeder Arzt rät davon ab. Vielleicht ist aber auch der Umkehrschluss erlaubt. Nur wer wirklich schlechte Gedichte macht, ist ein glücklicher Mensch.

Nichts liegt weiter auseinander als der verzweifelte, kaputte Lyriker und die heimelige, harmonische Weihnachtszeit. Tanzen, Ballett und harmonische Musik, ja, aber spekulativ Gereimtes? Drum hört, liebe Aliens, was die großen Dichter mit dem verschneit-sperrigen Thema anfangen. Der oben erwähnte Friedrich Hölderlin (1770 – 1843) war bei der Abfassung des Gedichtes »Der Winter« schon ganz der geistigen Umnachtung, wie es damals hieß, verfallen. Den Rhythmus hatte er aber noch immer drauf, und der Inhalt hat mit »Holder Knabe« und »Kling, Glöckchen, klingelingeling« wenig zu tun:

Wenn sich das Laub auf Ebnen weit verloren,
So fällt das Weiß herunter auf die Thale,
Doch glänzend ist der Tag vom hohen Sonnenstrahle,
Es glänzt das Fest den Städten aus den Toren.

Es ist die Ruhe der Natur, des Feldes Schweigen,
Ist wie des Menschen Geistigkeit, und höher zeigen
Die Unterschiede sich, dass sich zu hohem Bilde
Sich neiget die Natur, statt mit des Frühlings Milde.

d. 25. Dezember 1841.
Dero
untertänigster
Scardanelli

Rainer Maria Rilke (1875–1926) hat den Spruch »Wer spricht von Siegen? Überstehen ist alles!« geprägt. Das wird auch gerne auf Weihnachtskärtchen geschrieben und auf den Heiligabend im Kreise der Familie gemünzt. Rilke hat ein Gedicht mit dem Titel »Advent« geschrieben, das ihm wie immer prächtig doppelbödig geraten ist. Die Perspektive, aus der die im Wald stehende Tanne das Fest sieht, ist nämlich ganz und gar nicht zum Frohlocken:

Es treibt der Wind im Winterwalde
die Flockenherde wie ein Hirt
und manche Tanne ahnt wie balde
sie fromm und lichterheilig wird.
Und lauscht hinaus: den weißen Wegen
streckt sie die Zweige hin – bereit
und wehrt dem Wind und wächst entgegen
der einen Nacht der Herrlichkeit.

Johann Wolfgang von Goethe (1749–1832) hatte bei folgendem Gedicht offensichtlich keine rechte Lust, die Feier mit seinen erlesenen Versen zu adeln. Man muss nur einmal den Versuch machen, die Zeilen laut und nicht sehr getragen zu lesen. Man kommt unwillkürlich ins Leiern:

Bäume leuchtend, Bäume blendend,
Überall das Süße spendend.
In dem Glanze sich bewegend,
Alt und junges Herz erregend –
Solch ein Fest ist uns bescheret.
Mancher Gaben Schmuck verehret;
Staunend schaun wir auf und nieder,
Hin und Her und immer wieder.

Der Schluss ist ihm labbrig und beliebig geraten: eindeutig Zeilenschinderei des Dichterfürsten. Ein bekanntes Gedicht von Theodor Fontane (1819–1898)

trägt den Widerspruch schon im Titel. »Alles still!«
schreit er hinaus:

Alles still!

Alles still! Es tanzt den Reigen
Mondenstrahl in Wald und Flur,
Und darüber thront das Schweigen
Und der Winterhimmel nur.

Alles still! Vergeblich lauschet
Man der Krähe heisrem Schrei.
Keiner Fichte Wipfel rauschet,
Und kein Bächlein summt vorbei.

Man müsste es mal so vorlesen, immer lauter, in Rage
kommend, brüllend, krächzend:

Alles still! Die Dorfeshütten
Sind wie Gräber anzusehn,
Die, von Schnee bedeckt, inmitten
Eines weiten Friedhofs stehn.

Alles still! Nichts hör ich klopfen
Als mein Herze durch die Nacht –
Heiße Tränen niedertropfen
Auf die kalte Winterpracht.

»Weihnachten des Alten« nennt Hermann Hesse (1877 – 1966) seine bittere Rückschau, die ihm nicht sehr hoffnungsvoll geraten ist:

> Dein denk ich, wenn die leergewordne Welt
> Um mich mit ihren farbigen Scherben flirrt …

Positiver packt es der deutsch-baltische Schriftsteller Werner Bergengruen (1892 – 1964) an. Sein »Kaschubisches Weihnachtslied« von 1927 wird oft als das beste Weihnachtsgedicht deutscher Zunge bezeichnet. Der eine oder andere hat vielleicht noch eine Groß- oder Urgroßtante, die es in ostpreußischem Dialekt vortragen kann:

> Wärst du, Kindchen, doch bei uns geboren!
> Kindchen, wie wir dich gefüttert hätten! …
> Früh am Morgen weißes Brot mit Honig,
> Gänsefleisch und Kuttelfleck mit Ingwer …

Den Schluss der Auswahl soll der österreichische Lyriker und Sprachartist Ernst Jandl (1925 – 2000) bilden.

ernst jandls weihnachtslied

machet auf den türel
machet auf den türel
dann kann herein das herrel
dann kann herein das herrel
froe weihnacht
froe weihnacht
und ich bin nur ein hund
froe weihnacht
froe weihnacht
und ich bin nur ein hund

Das Weihnachtsoratorium von Bach

»Schaut hin, dort liegt im finstern Stall,
dess' Herrschaft gehet überall.
Da Speise vormals sucht ein Rind,
da ruhet itzt der Jungfrau'n Kind.«

(Choral Nr. 17)

Es ist jedes Jahr das Gleiche. Kaum hat man die Sommersandalen endgültig im Schrank verstaut, da weht der erste kalte Herbstwind auch schon die unvermeidliche Barockmusik in die warme Stube. Vivaldi, Händel und Purcell laufen sich quasi für Weihnachten warm. Die Kälte scheint klirrende Spinette und rasselnde Cembali magisch anzuziehen. Barocke Traversflöten quieken festlich, Pauken und Trompeten bringen uns eine akustische Ahnung von kommender Pracht, Herr- und Gemütlichkeit. Es bachelt allerorten.

»Herrscher des Himmels, erhöre das Lallen,
laß dir die matten Gesänge gefallen!«
(Chor Nr. 24)

Am häufigsten sind die »matten Gesänge« des Weihnachtsoratoriums von Bach zu hören, daraus wieder der berühmte Eingangschor mit den drei aufrüttelnden Paukenschlägen, und daraus speziell der Ohrwurm »Jauchzet, frohlocket«:

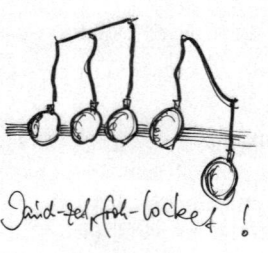

Das Weihnachtsoratorium wurde vom Thomanerchor in Leipzig zwischen dem ersten Weihnachtsfeiertag 1734 und dem Epiphaniasfest 1735 uraufgeführt, damals auf sechs Gottesdienste verteilt. Doch nur der Eingangssequenz war im Lauf der Zeit ein ähnlicher Erfolg beschieden wie »Stille Nacht«. Beide Hits verbinden einige Gemeinsamkeiten. Sie stehen in der Zirkustonart D-Dur, im ungeraden, tänzelnden, eigentlich gar nicht geistlichen Walzertakt (3/8 und 6/8), beide beginnen mit absteigender Melodieführung, die sich auch im Orchester wiederholt. Es ist nun einmal so: »Stille Nacht«, »Jauchzet, frohlocket!« und Tante Käthes legendäres Gansrezept mit

Orangenfüllung – das macht Weihnachten aus. Dabei ist es selten, dass geistliche Musik zu einem Gassenhauer wird, nur Händels »Halleluja«, aus dem Oratorium »Der Messias«, eher für Ostern komponiert, jedoch auch gern in der Weihnachtszeit gespielt, hat einen ähnlichen Bekanntheitsgrad erreicht.

Man sagt, dass der Grund für die anhaltende Beliebtheit der über dreihundert Jahre alten Barockmusik darin zu finden wäre, dass sie klar und durchsichtig strukturiert sei, Ordnung schaffe und entkompliziere, und das alles mit einem großen Gemütlichkeitsfaktor. Beim internationalen Bachfest in Leipzig 1985 verstieg sich ein Referent zu folgender Behauptung: »Wird im Radio Bach gespielt, kriegen Hausfrauen plötzlich Lust, ihre Schubladen aufzuräumen; Bach gibt nicht nur der verwirrten Seele Halt; Bach ist auch als Entrümpelungsgehilfe ideal.« (Zitiert nach FAZ vom 21. 12. 2009)

Weihnachten ist, es sei hier nochmals wiederholt, ein Fest der Wiederholungen. Im Eingangschor des Weihnachtsoratoriums hören wir die Textstelle »Lasset das Zagen, verbannet die Klagen« innerhalb von wenigen Minuten 146 Mal. Der gewünschte tranceartige Zustand stellt sich auch bald ein. Die Bassstimme koloriert gleich danach: »Dienet dem Höchsten mit herrlichen Chö-hö-hö-hö-hö-hö-hö-hö-hö hö-hö-

hö-hö-hö-hö-hö-hö-hö-hö-hö-hö-hö-hö-hö-hö-
höhö-hö-hö-hö-hö-hö-hö … (ren)«. Die Lutheri-
schen verzichten ja bekanntlich auf Weihrauch in
der Kirche, wohl wissend, dass dieser ursprünglich
von den alten Römern dazu verwendet wurde, den
Kloakengeruch auf den Straßen zu vertreiben. Dafür haben die Protestanten den *musikalischen* Weihrauch, der aus allen möglichen Verzierungen besteht,
aus Pralltrillern und Koloraturen, Trommelwirbeln,
Trugschlüssen, dem »verlängerten Doppelschlag mit
Nachschlag von unten und von oben« (Originalzitat
aus Bachs Klavierbüchlein), jäh einfallenden Posau-
nen, kreischenden Trompeten und anderem »Zier-
rath«. Deshalb vielleicht dudelt Barockmusik im
Dezember aus allen Hotelhallen-, Kaufhaus- und Re-
staurant-Lautsprechern, sie röhrt in der Telefonwar-
teschleife, krächzt im Lift und ertönt auch ansonsten
in Räumlichkeiten, in denen man anspruchsvolle
Musik nie vermutet hätte. Statt Perma-Schubiduaab
gibt es den Perma-Triller.

Wer das Weihnachtsoratorium nicht mit geschlosse-
nen Augen in der kalten evangelischen Kirche hören
will, der sehe sich die Interpretation des Hamburg
Balletts von John Neumeier dazu an. Und noch ein
außergewöhnlicher Ort für Bach sei genannt: Das
»Jauchzet, frohlocket!« sang im Dezember 2013 ein
Flashmob von Kantorei und Orchester der Kreuzkir-

che Bonn in der Thalia Buchhandlung Bonn. Bach ist unkaputtbar. Er bringt die Religion ins Haus, auch für die, die nichts damit anfangen können. In seinem Unterricht »zum vierstimmigen Spielen des General-Baß« heißt es:

> »Und soll wie aller Music also auch des General Basses Finis und End Uhrsache anders nicht als nur zu Gottes Ehre und Recreation des Gemüths seyn. Wo dieses nicht in acht genommen wird da ists keine eigentliche Music sondern ein Teuflisches Geplerr und Geleyer.«

Die »Recreation des Gemüths« ist gerade in der Weihnachtszeit dringend nötig. Deshalb werben so viele Wellnesshotels, Reiseportale und makrobiotische Duftsaunas damit, dass man bei ihnen »mal so richtig die Seele baumeln lassen kann«. Auch Eventrestaurants, Fackelspaziergangsveranstalter, Schokoladerien und Seerestaurants verwenden die werbliche Dauerbreze. Die entspannt baumelnde Seele taucht gehäuft in der Weihnachtszeit auf, bei Konzertveranstaltungen mit barocker Musik scheint sie schier unverzichtbar zu sein. Nur ein Beispiel unter vielen: Auf der Homepage der Dresdner Philharmonie ist im »Philharmonischen Adventskalender« zu lesen: »Was wäre die Adventszeit, könnte man nicht mit Freunden und Familie die Seele baumeln lassen und diese wunderbare Zeit genießen?« Bei dieser Formulierung taucht auch die Frage auf, ob die einzelnen Seelen da jetzt extra baumeln oder ob im Konzert eine freundschaftlich gemeinsame Seele schlackert, auch wenn man keine zusammenhängenden Plätze ergattert hat. Wie auch immer, der inzwischen bedauernswert ausgeleierte Ausdruck ist fast hundert Jahre alt, er stammt von Kurt Tucholsky, und der hat das durchaus nicht charmant gemeint. 1926 schrieb er in der Wochenzeitung »Die Weltbühne« über norddeutsche Urlauber, die sich in der Sommerfrische als Tiroler verkleiden:

> »Die Männer sehen alle viereckig aus, auf dem Hals tragen sie eine kleine Tonne, daran ist vorn das Gesicht befestigt. Morgens setzen sie es auf, und was für eines – ! Die Frauen schlapfen daher. Alles baumelt an ihnen, auch die Seele.«

Ob mancher, der den Slogan im Mund führt, davon weiß?

R.

Johann Sebastian Bach wurde oft als fünfter Evangelist bezeichnet. Lediglich Peter Sloterdijk, der ewige Sucher nach dem Sonderbaren, sah in Friedrich Nietzsche den fünften Evangelisten, eine Sichtweise, die nur deshalb hier Erwähnung findet, weil Nietzsche, der vehemente Religionskritiker, ebenfalls ein Weihnachtsoratorium komponiert hat, zwischen 1860 und 1861, im zarten Alter von 16 Jahren, man glaubt es kaum, aber es ist wahr. Dieses Frühwerk klingt schwer nach Richard Wagner. Der wiederum hat sich nie an diesem Genre versucht, man könnte sich sogar zu der These versteigen, dass Richard Wagners Musik das schiere Gegenteil von Weihnachtsmusik ist. (Wer das nicht glaubt, lege zum Gänsebraten einmal den »Walkürenritt« auf. Er wird überwürzt schmecken.) Trotz dieser Ferne zu unserem Thema gibt es aber den biographischen Zufall im Hause Wagner, dass der Geburtstag von Richards zweiter Ehefrau Cosima auf den 24. Dezember fiel, sie bekam von ihrem Gatten jedes Mal einschlägige Geschenke, zum Teil Zweitverwertungen von früheren Kompositionen. 1868 etwa lag die Reinschrift eines Wagner'schen Jugendwerks mit dem Titel »Der Tannenbaum« unter demselben. Es ist ein Lied für

Singstimme und Klavier in es-Moll, der Text ist von Georg Scheurlin, man erfährt darin, dass Tannenholz nicht nur allein für die Christbäume gebraucht wird:

Der Tannenbaum steht schweigend,
Einsam auf grauer Höh';
Der Knabe schaukelt im Nachen
Entlang dem blauen See.

Tief in sich selbst versunken
Die Tanne steht und sinnt,
Der Knabe kos't der Welle,
Die schäumend vorüberrinnt.

»Du Tannenbaum dort oben,
Du alter finstrer Gesell,
Was schaust du stets so trübe
Auf mich zu dieser Stell'?«

Da rühret er mit Trauern
Der dunklen Zweige Saum,
Und spricht in leisen Schauern,
Der alte Tannenbaum:

»Daß schon die Axt mich suchet
Zu deinem Todenschrein,
Das macht mich stets so trübe,
Gedenk' ich Knabe, dein«.

Dazu kann man sich Wagnermusik doch sehr gut vorstellen! Zu Lohengrin, der mit dem Schwan über den See kommt, fehlt jedenfalls nicht viel.

Zwei Jahre später ist das weihnachtliche Geburtstagsgeschenk von Richard an Cosima noch üppiger geraten, er widmete ihr das später im Ring der Nibelungen als »Siegfried-Idyll« bekannte »Tribschener Idyll«. Die vollständige Widmung lautet »*Tribschener Idyll mit Fidi-Vogelgesang und Orange-Sonnenaufgang, als Symphonischer Geburtstagsgruss. Seiner Cosima dargebracht von Ihrem Richard.*« Fidi ist Siegfried, der neugeborene Sohn der beiden, und die Melodie scheint vielleicht auch deshalb von »Alle meine Entchen« inspiriert worden zu sein. Dreizehn Musiker des Zürcher Tonhalle-Orchesters führten es unter der Leitung Richard Wagners am 25. Dezember 1870 im Treppenhaus von Tribschen erstmals auf. Cosima beschreibt die Uraufführung weihevoll:

> »Von diesem Tag, meine Kinder, kann ich euch nichts sagen, nichts von meinen Empfindungen, nichts von meiner Stimmung, nichts, nichts. Dürr und trocken will ich euch nur sagen, was geschah: Wie ich aufwachte, vernahm mein Ohr einen Klang, immer voller schwoll er an, nicht mehr im Traum durfte ich mich wähnen, Musik erschallte, und welche Musik! Als sie verklungen, trat R. mit den fünf Kindern zu

mir ein und überreichte mir die Partitur des »Symphonischen Geburtstagsgrußes«, in Tränen war ich, aber auch das ganze Haus; auf der Treppe hatte R. sein Orchester gestellt und so unser Tribschen auf ewig geweiht!«

Wenn da nicht schon wieder die Seele baumelt.

Weihnachten in der Malerei

»Ich bin daher, statt des Gewinsels,
Mehr für die stille Welt des Pinsels«

– schrieb Wilhelm Busch in seiner letzten Bildergeschichte »Maler Klecksel« und leitete damit vom Thema Musik (»Man ist so voll humaner Wärme, doch ewig stört uns das Gelärme«) zu dem der Malerei (»Hier herrschen Schönheit und Geschmack, hier riecht es angenehm nach Lack«). Nach einem Kapitel über Richard Wagner hat es das nächste natürlich schwer: verklingt doch die Wucht des sächsischen Tonsetzers nur langsam und übertönt manche feinere Nuance. Und überhaupt: Gibt es denn eine malerische Entsprechung zu Wagnermusik? Es müsste ein überdimensionales Triptychon sein, mit zentimeterdick aufgetragenem Öl, das schwergewichtige Wildsauen und Drachen zeigt, die den Betrachter böse und zähnefletschend aus dem Unterholz anstarren, dazu gischtsprühende Wasserfälle, morgendlich reine Waldlichtungen, pralleutrige Milchkühe, röhrende Hirschen, und immer wieder verschlagene germanische Götter.

Anders die Weihnachtsmalerei. Aus den unendlich vielen Darstellungen der Heiligen Nacht in der Bildenden Kunst seien zwei besonders drastische Heilige Nächte herausgegriffen. Zum einen das zwischen 1522 und 1530 entstandene Gemälde von Antonio da Correggio. Es hängt in Dresden, in der Gemäldegalerie Alte Meister. Der deutsche Gegenwartsautor Ferdinand von Schirach riet einmal, bei Ausstellungsbesuchen immer nur ein einziges Bild zu betrachten. Ohne den anderen Gemälden in Dresden nahetreten zu wollen, sollte man in der dortigen Galerie ausschließlich die Heilige Nacht von Correggio studieren.

Und die Unterhaltung der Besucher belauschen: Warum grinsen die Hirten so dumm? Warum beschäftigt sich Josef im Hintergrund mit dem Esel, ausgerechnet jetzt, in diesem historischen Moment? Warum purzeln die fetten Putten auf dem Dach so unordentlich durcheinander? Sind das überhaupt richtige Engel? Warum blickt das Hirtenmädchen so angewidert auf das Jesuskind? Sind das im Hintergrund schon die Heiligen Drei Könige? Aber kommen die nicht erst in zwei Wochen? Fühlt sich Maria wohl in diesem grellen Jesuskind-Licht? Warum trägt sie so wenig blau? Wo bleibt die Gurke? Wo der Caganer?

Das zweite Beispiel für eine drastische Heilige Nacht ist die von Emil Nolde aus dem Jahr 1912. Nur so viel: Hier trägt Josef blau, das hocherhobene Neugeborene ist in schmerzhaftem Rotviolett gehalten, Maria hat keinen Heiligenschein.

Correggios Heilige Nacht hing übrigens nicht immer in Dresden, das Bild galt 100 Jahre als verschollen, weil es einst aus einer Kirche gestohlen wurde. Kirche und Krimi, das geht bekanntlich gern einher. Deshalb folgen jetzt die –

Christmas Crimes

Der »Santa-Claus-Bankraub von 1927« ging als eines der spektakulärsten Verbrechen des 20. Jahrhunderts in die amerikanische Kriminalgeschichte ein. Am 23. Dezember besagten Jahres betrat ein rauschebärtiger Weihnachtsmann in Begleitung von zahlreichen aufgeregten Kindern die Filiale der First National Bank in Cisco, Texas. Plötzlich zog er einen Revolver, und drei ebenfalls bewaffnete Komplizen, die sich unter die Bankkunden gemischt hatten, machten sich daran, den Banksafe auszurauben.

Von da ab ging alles schief, was nur schiefgehen konnte. Kaum hatte Santa Claus, mit bürgerlichem Namen Marshall Ratliff, damit begonnen, den Nikolaussack in Umkehrung üblicher Gebräuche mit Bargeld und Wertpapieren zu füllen, da rückte auch schon der Sheriff mit seinen Leuten an, dazu versammelte sich eine größtenteils bewaffnete Menschenmenge vor der Bank. Der Grund: Die Bankenvereinigung von Texas hatte eine Belohnung von 5000 Dollar auf jeden toten Bankräuber ausgesetzt.

Nach einem heftigen Schusswechsel zwischen den Bankräubern, der Polizei sowie zahlreichen Bürgern von Cisco ballerten sich die Ganoven den Weg zu ihrem Fluchtwagen frei, der Sheriff und ein Gehilfe wurden dabei tödlich getroffen. Doch auch zwei der Gangster trugen Schussverletzungen davon, einer starb. Die anderen schafften es zum Fluchtauto, doch der Tank war leer und die Reifen zerschossen. Da kaperten die drei ein anderes Auto und flohen mit zwei kleinen Mädchen als Geiseln. Erst nach mehreren Tagen wurden die Bankräuber gestellt, bei dem heftigen Feuergefecht mit der Polizei (am »Brazos River«, so was kann man nicht erfinden) ging Santa Claus, von sechs Kugeln getroffen, schwer verwundet zu Boden. Seine beiden Komplizen fasste man zwei Tage später. Santa Claus alias Marshall Ratliff wurde zum Tode verurteilt, doch ein wütender Lynchmob befreite ihn aus dem Gefängnis und hängte ihn an einem Telegraphenmast auf.

Nicht weniger spektakulär war der Diebstahl des legendären »Stone of Scone« am 25. Dezember 1950 aus der Westminster Abbey. Das vier Zentner schwere Nationalheiligtum der Schotten (viele schottische Könige waren darauf gekrönt worden) wurde von vier Studenten mit dem Auto weggekarrt, jedoch nicht um ihn auf dem Schwarzmarkt zu verhökern, sondern um das Symbol des schottischen Königtums endlich aus London zurück in seine Heimat zu schaffen. Die Sache ging schließlich gut aus: Eine Welle der Begeisterung schwappte durch Schottland, die Engländer verzichteten auf Bestrafung, und heute liegt der Quaderstein nach 700 Jahren doch wieder im Schloss von Edinburgh. Also. Manchmal bewirkt man durch beherzte Gesetzesübertretungen auch etwas Positives.

In weihnachtlicher Erinnerung geblieben ist auch der Bilderraub am Heiligabend 2000 im Stockholmer Nationalmuseum (ein Rembrandt, zwei Renoirs, vier Jahre Gefängnis) und viele andere kleinere und größere Eigentumsdelikte – Weihnachten eignet sich für den Diebstahl vielleicht auch deswegen so gut, weil er den Gedanken des Schenkens und Nehmens auf den Kopf stellt und so auf seine eigene Weise feiert. Eine alte Diebesweisheit rät: »Greif dir die Moneten, wenn sie in der Kirche und auf dem Friedhof beten.« Und wann sind sie da alle? Richtig.

In diesem Zusammenhang ist auch die Inschrift K+M+B zu nennen, die in manchen ländlichen Gegenden Mitteleuropas von den Sternsingern am Heiligdreikönigstag mit Kreide an die Tür gemalt wird. Es gibt mehrere Deutungen, was die Buchstaben zu bedeuten haben. Die naheliegende Möglichkeit wäre, dass damit die Heiligen Drei Könige (Kaspar, Melchior und Balthasar) gemeint sind, es könnte jedoch auch eine Abkürzung für »Kyrios mansionem benedicat« darstellen: Der Herr segne dieses Haus. Manchmal wird jedoch auch C+M+B geschrieben. Liest man die Pluszeichen nicht als Trenn- oder Kreuzzeichen, sondern als lateinisches »et« für »und« (CeMeB), dann ergibt sich die rotwelsche-küchenlateinische Geheimbotschaft

Cedere **Me**us **B**ene

Das heißt übersetzt: Meine Ausbeute war gut. Oder genauer: Hier gibt es nichts mehr zu holen, da hat schon jemand über die Weihnachtsfeiertage zugeschlagen.

Die »Welt« schreibt: »Von Oktober bis Dezember entstehen dem Handel 41 Prozent der jährlichen Warenverluste, der sogenannte ›Warenschwund‹.« Begleichen muss die Fehlsumme allerdings der ehrliche Kunde: »Jeder Deutsche wird rein rechnerisch von Oktober bis Dezember durchschnittlich 19 Euro für die Verluste im Einzelhandel zahlen.« Diese 19 Euro sollte man sich kurzerhand zurückholen. (Keine Angst, die Kaufhausdetektive sind in der Zeit des Weihnachtsgeschäfts chronisch unterbesetzt.) Und wenn man mehr auf Einbrüche steht? Hier lohnt es sich abzuwarten, bis die Familie »Stille Nacht« anstimmt. Da sind alle in Trance, niemand wagt es zu unterbrechen.

(flüsternd) »Hast du das nicht gehört?«

»Was?«

»Da oben ist jemand.«

»Die letzte Strophe noch, dann sehen wir nach.«

Ein guter Einbrecher ist in 20 Sekunden drin, für den Raub selbst braucht er durchschnittlich 5 Minuten. Das ist genau die Zeit, die verstreicht, wenn man in mittlerem Tempo alle 6 Strophen des ewigen Liedes singt.

Mord, Raub, Diebstahl an Weihnachten – vielleicht zum Schluss noch eine Bemerkung zum Suizid über die Feiertage. Im Gegensatz zur landläufigen Meinung geschehen über die Feiertage am wenigsten Selbstmorde. Die Zahl ist zwar durchaus jahreszeitlichen Schwankungen unterworfen. Aber nicht so, wie man denkt. Laut dem Statistischen Bundesamt nahmen sich 2006 während der Frühlings- und Sommermonate mehr Menschen das Leben als während der Herbst- und Wintermonate. Von März bis Juli waren Suizide überdurchschnittlich häufig. Daraus ergibt sich, dass Weihnachten viel glücklicher macht als gemeinhin angenommen. Vielleicht haben die Werbesprüche doch recht. Es ist die Zeit, Seele, Hirn und Herz baumeln zu lassen.

Kriminelle Haikus

heiligabend.
dieses jahr ohne
opas knastgeschichten

drinnen brutzelt die ente.
wir aber warten draußen
schon stunden auf den schlüsseldienst

bescherung.
danach das geständnis.
ein schuss rundet es ab

neuschnee.
der mörder stapft rückwärts
in seine spur

buckelpiste.
die verschneiten leichen
erwürgter wanderer

nur geduld
das nächste haiku
handelt vom warten

Weihnachten in heißen Gegenden

Der Saci (auch Saci-pererê oder Saci-saçurá) ist eine populäre Figur in der brasilianischen Märchen-Mythologie. Der Kobold hat rote Augen und lediglich ein Bein. Mit Hilfe seiner magischen roten Kappe kann er seine Gestalt beliebig verändern, er kann auch jederzeit auftauchen und wieder verschwinden.

Ein brasilianisches Weihnachtsmärchen erzählt vom armen Bauern João, der, anstatt an Heiligabend eine Krippe für seine Familie zu schnitzen, noch eine Fuhre Holz aus dem Wald holen will. Seine Frau ist dagegen, doch er ist eigensinnig, spannt seine Pferde an und fährt davon. Im Wald fällt er Bäume und lädt sie auf. Plötzlich beginnt es zu schneien, und die dicken Schneeflocken verwandeln sich in Sacis-Kobolde, die sein Gespann in ihr Reich lenken und ihm das ganze Holz abnehmen. Sie lassen ihn schließlich frei, João kommt erst nach Mitternacht nach Hause. Die Überraschung ist groß: Seine angefangene Krippe steht fertig geschnitzt im Wohnzimmer, sie ist gefüllt mit vielen prächtigen und fein gearbeiteten Figuren, an denen die Familie große Freude hat. Man ahnt es schon: die Sacis haben sich damit für das Holz bedankt. Aber wie war das möglich, wo sie doch die

Kunst des Schnitzens gar nicht beherrschen? Ganz einfach:

> »Als aber Meister João näher trat, da blinzelten ihm die kleine Maria und der winzige Josef zu. Sie legten den Zeigefinger an den Mund und bedeuteten ihm zu schweigen. Er sah, dass alle Figuren von den kleinen Kobolden dargestellt wurden. Aber niemandem außer João fiel es auf.«

Ausgerechnet in Brasilien hat sich also ein Schneegestöber (das es dort nur ganz selten, und wenn, dann im Süden gibt) in eine quirlige Koboldschar verwandelt! Das tropische Land holt sich den Weihnachtszauber über die Ikonographie des Schnees. Weihnachten funktioniert wohl nicht anders, als sich den Winter dazuzudenken. Der Weihnachtsmann kommt auch in Australien und Südafrika nicht ohne dicken Mantel und Pelzmütze aus, fröhlich fährt er auch in Kuba mit dem Schlitten ein.

Könnt ihr euch das vorstellen, liebe Aliens? Den Nikolaus am Bondi Beach oder am Strand von Copacabana! Ach so, ihr habt wohl keine Jahreszeiten in eurem Eineinhalb-Wochen-Jahr? Also gibt es bei euch gar keinen Sommer! Wie? Und ihr lebt auch nicht auf dem erdähnlichen Planeten Proxima Centauri b, sondern auf der 4000 Grad heißen Sonne, die von Proxima Centauri b umkreist wird?! Das ist ja ein

Ding. Eure Organismen haben eine kristalline Struktur, bei unseren Temperaturen würdet ihr erfrieren. Ach, deshalb die Schutzanzüge aus Asbest und das Flimmern in euren Augen. Ja, wenn das so ist, dann hätte ich für euch noch eine besondere Weihnachtskrippen-Variante:

Die Krippe für Außerirdische

Geformt aus einer amorphen Keramik, die bis zu Temperaturen von 4000 Grad stabil und hitzebeständig ist. Die Figuren sind aus Silicit, sie leuchten ab einer gewissen Temperatur bunt auf. Besonders schön kommt das Lapislazuliultramarinblau in Marias Mantel. Das Heu verbrennt allerdings. Bei uns kann die Krippe ins Kaminfeuer oder in den Pizzaofen gestellt werden. Am besten aber in den Hochofen.

Die coole Herbergssuche

Nach den 4000 Grad tut etwas Abkühlung not.

> » ... und sie gebar ihren erstgeborenen Sohn,
> hüllte ihn in Windeln und legte ihn in eine Krippe,
> weil nicht Platz für sie war in der Herberge.«
> (Lukas, 2.7)

Wieder ist eine zentrale Stelle aus dem Weihnachtsevangelium sehr knapp gehalten worden. Hier ist sie etwas ausführlicher beschrieben im Stil von Raymond Chandler, einem coolen Krimiautor mit einem großen Hang zur Metaphernbildung, dem »Chandlerismus«. Er kann nicht schreiben: »Draußen regnete es und die Straßen waren leer«. Bei ihm steht stattdessen: »Draußen begann der Regen mit seiner hartherzigen Räumungsklage.« Er kann auch nicht schreiben: »Sie lächelte«. Bei ihm steht: »Ihr Grinsen wurde breiter, so dass ihr Mund die Form von Österreich bekam.«
Die folgende Geschichte muss hart und kalt gelesen werden. Cool eben.

Maria und Josef gingen den Hügel hinunter auf die Stadt zu, die wie eine angezündete Lichtertorte zu Gottes fünftausendstem Geburtstag unter ihnen lag. Ein scharfer Wind blies ein paar Lichter aus und als Josef an der ersten Herbergstüre klopfte, sagte Maria:

»Ich hab kein gutes Gefühl, Mann.«

Die schwere Eichentüre öffnete sich, und der Wirt stand da wie ein Knöterich, den man vergessen hatte zu jäten. Josef richtete sich auf wie ein Grashalm nach dem Regen und er fragte:

»Noch ein Zimmer frei?«

»Soll wohl ein Witz sein«, sagte der Knöterich. »Voll bis obenhin.«

Er lachte, und sein Gelächter klang so, wie wenn man von einem Hühnerstall Latten abreißt.

»Na, dann eben nicht«, sagte Josef und drehte sich um wie eine Katze, wenn sie eine zu mickrige Maus gesehen hat. Er drehte sich nochmals um und rief: »Und deine Eichentür ist auch ziemlich mies gezimmert!«

Maria sagte: »Musst du denn immer den Schreiner raushängen lassen?« Sie klopfte an eine andere Herbergstür. Der Kerl, der jetzt öffnete, war schlecht rasiert, und seine Stimme war so dünn wie ein Spezialitätenkochbuch aus England.

»Was wolln ihr schrägen Vögel?«, fragte er. Mindestens ein Dutzend derbe Schimpfworte tobten in Josefs Kopf herum wie eine Horde überdrehter Kinder beim Würstchenschnappen. Doch er beherrschte sich und sagte:

»'n Zimmer, Mann!«

»Null Chance«, sagte der Schlechtrasierte und schlug die Tür zu.

»Fichtenholztür«, sagte Josef. »Schlecht verarbeitet.«

Als Maria an die dritte Tür klopfte, schlug ihr Herz, als ob es als Schlagzeuger bei einer Heavy-Metal-Rockband einsteigen wollte. Der Anblick des dritten Wirts hätte dem Auge durchaus wohltun können, aber nur, wenn man einen Splitter drin gehabt hätte, auf den man sich konzentrieren kann.

»Sie haben wohl kein Zimmer?«, fragte Maria trotzdem.

»Doch klar«, sagte der Wirt. »Kommt rein!«

Doch jetzt schlug Josef die Tür von außen zu und blickte so angewidert, als ob der Leiter einer bayrischen Trachtenkapelle die Jupiter-Sinfonie von Mozart dirigiert hätte.

»Was hast du?«, fragte Maria.

»Hast du die Einrichtung gesehen?«, sagte Josef. »Press-Span. Schwedischer Import.«

Weihnachten in der Literatur

Klar, wir warten immer noch sehnsüchtig auf Weihnachtsgeschichten von Shakespeare und Euripides. Aber sonst scheinen alle abendländischen Literaten von Rang stimmungsvolle, weihnachtliche »Stellen« hinterlassen zu haben. Aus denen von **Thomas Mann** in den »Buddenbrooks« wurde ja schon zitiert, man hat sich genug verneigt. Es gibt allerdings noch weitere Klassiker, um die man nicht herumkommt, wenn man das Fest hochliterarisch geschildert haben will.

Der König der romantischen Phantastik ist **E. T. A. Hoffmann** (»Gespenster-Hoffmann«), sein Hauptthema ist das Doppel-Ich. Goethe äußerte sich abfällig über ihn: »Er bekam mir nicht.« Hoffmann hat 1816 die Weihnachtsnovelle »Nussknacker und Mausekönig« herausgebracht, das ist die harte Vorlage zu Tschaikowskis Weichspüler-Ballett »Der Nussknacker«. Der armen kleinen Marie geschehen recht grauslige Dinge:

> »– dicht vor ihren Füßen sprühte es, wie von unterirdischer Gewalt getrieben, Sand und Kalk und zerbröckelte Mauersteine hervor, und sieben Mäu-

seköpfe mit sieben hellfunkelnden Kronen erhoben sich recht gräßlich zischend und pfeifend aus dem Boden. Bald arbeitete sich auch der Mausekörper, an dessen Hals die sieben Köpfe angewachsen waren, vollends hervor, und der großen mit sieben Diademen geschmückten Maus jauchzte in vollem Chorus dreimal laut aufquiekend das ganze Heer entgegen, das sich nun auf einmal in Bewegung setzte und hott, hott – trott – trott ging es – ach, geradezu auf den Schrank – geradezu auf Marien los, die noch dicht an der Glastüre des Schrankes stand. Vor Angst und Grauen hatte Marien das Herz schon so gepocht, daß sie glaubte, es müsse nun gleich aus der Brust herausspringen und dann müßte sie sterben; aber nun war es ihr, als stehe ihr das Blut in den Adern still.«

Das Kunstmärchen »Der Tannenbaum« von **Hans Christian Andersen** ist ein schöner melancholischer Klassiker von dem Bäumchen, das sich unter Weihnachten etwas ganz anderes vorgestellt hat.

Ein merkwürdiger Abenteuerroman von **Karl May** heißt »Weihnacht!«, ja, mit Rufzeichen im Titel. Das Werk ist 1897 erschienen, es geht bräsig los, nimmt aber dann Fahrt auf. Old Shatterhand und Winnetou sind mit von der Partie, ein Weihnachtsgedicht, das immer wieder auftaucht, nervt gewaltig. Der Bösewicht ist der »Prayer-Man«, ein als Wanderprediger getarnter Gangster, der u. a. ohne Erlaubnis das nervige Weihnachtsgedicht vermarktet hatte. Aber zum Schluss: Weihnachten mit Winnetou! May selbst hatte um Weihnachten herum durchaus leidvolle Erfahrungen machen müssen. Er, der aus ärmlichen Verhältnissen stammte, beschloss im November 1859, den Eltern ein stimmungsvolles Fest zu bescheren. Der Diebstahl von sechs Kerzen brachte ihm allerdings am 21. Dezember eine Anzeige und am 22. eine peinliche Befragung ein, die Sache ging allerdings noch glimpflich aus. Zwei Jahre später arbeitete May schon als Lehrer. Am letzten Schultag vor den Weihnachtsferien, am 23. Dezember 1861, nahm er die Taschenuhr, die Tabakspfeife und die Zigarettenspitze seines Mitbewohners mit nach Hause. Auf dem Christmarkt in Hohenstein wurde er verhaftet und zu sechs Wochen Gefängnis verurteilt. Auch als Lehrer durfte er nicht mehr arbeiten. Der Beginn seiner kriminellen Karriere? Acht Jahre seines Lebens saß Karl May insgesamt im Knast.

Franz Kafka ist ein Autor, bei dem man gar nichts zum Thema Weihnachten erwartet hätte, jedenfalls nichts Hoffnungsvolles. In seiner »Verwandlung« gibt es jedoch eine sonderbare Stelle. Gregor Samsa, bereits in Käfergestalt, stellt sich vor, seine Schwester –

»– sollte neben ihm auf dem Kanapee sitzen, das Ohr zu ihm herunterneigen, und er wollte ihr dann anvertrauen, daß er die feste Absicht gehabt habe, sie auf das Konservatorium zu schicken, und daß er dies, wenn nicht das Unglück dazwischen gekommen wäre, vergangene Weihnachten – Weihnachten war doch wohl schon vorüber? – allen gesagt hätte, ohne sich um irgendwelche Widerreden zu kümmern. Nach dieser Erklärung würde die Schwester in Tränen der Rührung ausbrechen …«

Das »Unglück«, also die Metamorphose zu dem ekligen Insekt ist wohl in der Adventszeit geschehen. Die »Verwandlung« als Adventsgeschichte? Schön zum Vorlesen. Aber erst für Kinder ab acht.

Von den vielen Millionen einschlägigen Kurzgeschichten seien vier außergewöhnliche herausgegriffen: »Das Weihnachtsgeschenk« von **O. Henry** (William Sydney Porter, 1862–1910) sowie »Die Nacht des 24. Dezember« von **Dino Buzzati** (1906–1972). Ein Klassiker von 1952, der die Tortur der Feierlichkeiten satirisch aufspießt, ist die Erzählung »Nicht nur zur Weihnachtszeit« von **Heinrich Böll**. Praktisch ein frühes »Murmeltier« mit der Fragestellung: Was wäre, wenn jeden Abend Heiligabend wäre? Nach Sendung der Hörfunkfassung noch im selben Jahr warf Pfarrer Hans-Werner von Meyenn dem Autor

Böll »Verunglimpfung des deutschen Gemüts« vor. Das waren noch Zeiten. Und gerade eben erst, im Jahre 2011 ist eine kriminelle Kurzgeschichte von **Ferdinand von Schirach** erschienen, nämlich »Carl Tohrbergs Weihnachten. Eine Erzählung zum Fest«. Hier wird der Traum jedes Kurzgeschichtenbastlers wahr: Die Pointe ist das letzte Wort. (Aber nicht vorher nachlesen!)

Habt ihr eigentlich so etwas wie Literatur, liebe Außerirdische? Ja? Das beruhigt. Wenn man bei 4000 Grad überhaupt was lesen kann. Dann sei abschließend noch meine Lieblingsweihnachtsstelle empfohlen:

Der 1969 erschienene Erstlingsroman »Der Ruinenbaumeister« von **Herbert Rosendorfer** ist sowieso ein toller Reigen an Figuren und wilden Geschichten. Weihnachtlich wird es aber dann bei der Geschichte um zwei englische Knaben, die herausgefunden haben, dass jedes Mal ein Familienmitglied stirbt, wenn Weihnachtslieder unterm Jahr gesungen werden. So bringen sie die gesamte Verwandtschaft um, bis sie als Alleinerben schließlich selbst unvorsichtigerweise ein solches anstimmen …

Fakten, Fakten, Fakten

☆ Nicht nur Cosima Wagner, sondern auch Kaiserin Sisi, Hans Söllner und Stephenie Meyer sind am 24. Dezember geboren. Johannes Heesters, Rudi Dutschke und Vasco da Gama wiederum sind an Heiligabend gestorben. Das sagt überhaupt nichts über diese Menschen aus. Man kann es sich aber leicht merken.

☆ Der erste Weihnachtsfeiertag scheint ein guter Geburts- und Sterbetag für Menschen aus der Showbranche zu sein: Humphrey Bogart ist am 25.12.1899 geboren. Am 25.12. gestorben sind: Charly Chaplin (1977), Otto Falckenberg (1947), Dean Martin (1995), Giorgio Strehler (1997) und George Michael (2016).

☆ Ein Fußmarsch von Nazareth nach Bethlehem (170 km) dauert etwa 35 Stunden, mit Esel wahrscheinlich das Doppelte.

☆ Der Original Dresdner Christstollen muss, wenn er als solcher bezeichnet werden will, zur Hälfte aus Butter bestehen.

☆ Zur Zeit von Christi Geburt gab es noch Löwen und Bären im heutigen Israel. Es wäre also ziemlich gefährlich gewesen, in einem offenen Stall zu nächtigen.

☆ Laut Wochentagsberechner ist der 1.1.0000 n. Chr. ein Donnerstag gewesen, folglich fand die Geburt Christi am Mittwoch, den 24.12.1 vor Christus statt. Da es aber das Jahr null nach der offiziellen Zeitrechnung gar nicht gibt (das Jahr 1 v. Chr. geht direkt in das Jahr 1 n. Chr. über), stimmt das mit dem Mittwoch auch nicht so recht.

☆ Der Physiker Manfred von Ardenne (dessen Großelternpaar Armand und Elisabeth übrigens das Vorbild für Theodor Fontanes Roman Effi Briest waren) stellt am 24. Dezember 1930 das erste elektronische Fernsehbild vor. Das Prinzip wird heute noch angewendet. Aus unerklärlichen Gründen scheinen die Weihnachtstage bis heute eine gute Zeit für Forschungen zu sein. Zwischen 1996 und 2006 stieg die Zahl der wissenschaftlichen Studien, die am 25. Dezember bei Fachjournalen zur Begutachtung eingereicht wurden, um 600 Prozent.

☆ Der gemeinste, pubertärste und herrlichste Weihnachtsscherz ist der mit den beiden Keksdosen. Man kauft zwei identische, möglichst runde, große, gefüllte Plätzchendosen. Die Kekse der einen Dose verteilt man auf der Toilettenbrille, fotografiert das Kunstwerk, entsorgt die Kekse, druckt das Bild aus und klebt das Bild auf den Boden der *anderen* Keksdose, die man

wieder mit den guten Plätzchen füllt. Man stellt
sich genüsslich vor, was passiert, wenn der liebste
Freund die letzten Plätzchen isst ...

Erwachsene backen Weihnachtssterne –
ein Psychotest

Was sagen uns Plätzchenformen? Unsere Psychologin hat genauer hingeschaut. Sie hat eine Reihe von Versuchspersonen Weihnachtsplätzchen backen lassen und die unterschiedlichen Ergebnisse interpretiert. Es ist nämlich durchaus kein Zufall, zu welcher Ausstechform man greift. Die üblichen Formen von Tante Käthe sehen so aus:

Hier ist der Familienfriede noch in Ordnung. Nachdenklich könnte stimmen, wenn man folgende Plätzchenformen geschenkt bekommt:

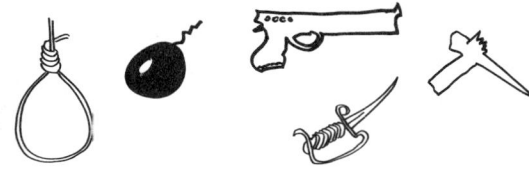

Unter den vielen gesichteten Plätzchen fallen noch weitere auf. Hier die außergewöhnlichsten:

Zeigt Gefühlskälte

Zeigt Bindungsängste

Zeigt bäckerisches Unvermögen

Plätzchen eines Exit-Gegners

St. Pauli-Fan

*Tante Käthes
computergenerierte
Plätzchen*

*Bei diesem heulenden Plätz-
chenwolf hat jemand zu viel
Sigmund Freud gelesen*

*Diagnose: Logozentrierte Zwangspsychose nach CC10/12,
schwere Korchikow-Angstzustände und weitere
schizo-affektive Störungen, erhebliche bipolare narzisstische
Fixierungen und Allmachtsphantasien. (Und rein geschmack-
lich sind solche Plätzchen meist auch unter aller Kanone.)*

Adventskränze

Liebe Außerirdische, das Buch neigt sich langsam dem Ende zu, und ihr wundert euch, dass so spät noch ein Kapitel über olle Adventskränze kommt. Ich sehe, dass ihr die 4000 Grad heißen Köpfe verwundert schüttelt und »Wir wissen doch jetzt schon alles über das verdammte Fest!« ruft. Doch gerade die harmlos und unkompliziert scheinenden Adventskränze bergen manches Rätsel.

Dass diese christlichen Warteschleifen ganz offensichtlich die Form eines heidnischen Ouroboros haben (kein Anfang, kein Ende), habt ihr sicherlich schon bemerkt. Es gibt darüber hinaus die merkwürdige und unerklärliche Tradition, dass immer nur nebeneinanderliegende Kerzen entzündet werden sollen. Das Anzünden der gegenüberliegenden Kerze am zweiten Advent ist also tabu. Es steht zwar nirgends geschrieben, aber, ganz ehrlich, man hätte kein gutes Gefühl dabei. Ferner sollte das Anzünden immer gegen den Uhrzeigersinn geschehen. Mit welcher Kerze aber wird begonnen? Mit der nächstbesten? Mit der, die Bethlehem am nächsten steht? Dieses Problem könnte man leicht mit verschiedenfarbigen Kerzen lösen, mit den passenden liturgischen Farbsymboliken: 1. Lila (Buße), 2. Gelbgold (Verheißung), 3. Rosa (Freude), 4. Violett (Übergang und Verwandlung). Das wäre religionssymbolisch (fast) korrekt, aber der Kranz sähe doch recht faschingsmäßig und eher wie eine Narrenkappe aus. Denn so ähnlich sich die beiden Feste sind (siehe Kapitel »Weihnachten und Karneval«), so wenig will man bei dem einen an das andere erinnert werden. Denn weder kommen im Karneval zwei Jecken auf die Idee, sich als Maria und Josef zu verkleiden (als Papst, Teufel, Gott jederzeit, aber niemals als das hochheilige Paar), noch sind umgekehrt im Advent allzu buntscheckige Farbsymboliken erwünscht. Also bleibt nichts übrig, als die üblichen roten Kerzen aufzustellen (dabei ist rot genau genommen gar keine liturgische Farbe!) und *irgendeine* Kerze am Kranz anzuzünden.

Dann taucht ein nächstes, sozusagen ästhetisches Problem auf: die vier Kerzen brennen nicht gleichmäßig ab, am Ende des 4. Adventssonntags sieht der Kranz immer wie Tante Käthes alter Sommerhut aus, furchtbar unordentlich und schief, was keineswegs der Weihe des Tages angemessen ist. Eine Lösungsmöglichkeit, die auch der Handel anbietet, sind verschieden große Kerzen. Aber dann wären die einzelnen Abbrennzeiten pro Sonntag genau zu berechnen, die Zeiten müssten zudem auch von Sonntag zu

Sonntag immer kürzer werden. Mathematiker haben nachgewiesen, dass es bei vier Kerzen und vier Sonntagen keine Möglichkeiten gibt, dass sie gleichmäßig herunterbrennen, bei fünf Kerzen allerdings schon. Am 1. Advent entzünden wir Kerze Nummer 1 für eine Dreiviertelstunde. (Wir erinnern uns, dass alles Wichtige auf dieser Welt 45 Minuten dauert!) Am 2. Advent machen wir dasselbe mit Kerze Nummer 2 und 3. Am 3. Advent zünden wir die Kerzen 4, 5 und 1 an, am 4. Advent die Kerzen 2, 3, 4 und 5. Jetzt sind alle Kerzen gleich lang, und man könnte sie an einem weiteren Sonntag sogar nochmals anzünden. Und tatsächlich: Im katholischen Teil Irlands wird eine 5. Kerze in der Mitte des Adventskranzes den 4 Kerzen hinzugefügt. Sie wird an Heiligabend entzündet. Das wäre ohnehin logisch. Und auch mathematisch lösbar. Von der Ästhetik ganz abgesehen.

Aber will man den ganzen Dezember über mit Rechenaufgaben zubringen? Darum ein ganz einfacher Vorschlag: In den Tisch, auf dem der Adventskranz liegt, werden vier Löcher gebohrt. Die Kerzen stecken in den Löchern und werden von einer hydraulischen Hebepumpe (Baumarkt) in dem Verhältnis nach oben gedrückt, in dem sie abbrennen. Das regelt ein Modul (Baumarkt). Gleich welche Kerzen angezündet werden, sie sind immer gleich hoch. Mehrere Patentierungsverfahren dazu sind schon anhängig.

Noch eine Bemerkung zum Schluss. Was ins Auge fällt, sind die vielen verschiedenen Symboliken des Adventskranzes: das Warten auf die Geburt, die heilige Zahl vier, der Kranz als Ausdruck des ewigen Lebens, der Ring als Symbol für Einheit, Festigkeit, Geschlossenheit, Verbindung, Treue, Kraft und Besitzanspruch. Einer der Vorläufer des Adventskranzes, vielleicht sogar der heidnische Urahn des Weihnachtsbaumes, ist das bayrisch-österreichisch-böhmisch-schlesische »Paradeisl«. Dabei werden vier rote Äpfel mit bemalten oder mit Schnitzarbeit verzierten Stöcken zu einer Dreieckspyramide verbunden. Auf jedem Apfel steckt eine Kerze, das ganze Gebilde steht in einer Obst- und Süßigkeitenschale. So einfach das Prinzip ist, hier wimmelt es geradezu von Zeichen, Allegorien und Gleichnissen: Die Kerze im Apfel symbolisiert den erleuchteten Geist, der über die weltlichen Gelüste siegt, die vier Dreiecke des Tetraeders stellen die Vervierfachung der göttlichen Trinität dar, die hängende vergoldete Nuss unter dem oberen Apfel weist auf die Wiege des Christkindes hin, die Obstschale unter dem Paradeisl ist das Sinnbild des Garten Eden … Im Zentrum des paradiesischen Aufbaus jedoch stehen die Äpfel mit ihrer zugegebenermaßen äußerst widersprüchlichen Symbolik: einerseits Macht, Weisheit, Erkenntnis (Reichsapfel), andererseits Verführung, Zwietracht, Sünde (Apfel im Paradies). Der Apfel ist gleichsam das Trojanische Pferd unter den Früchten. Bei einem beliebten Fruchtbarkeitsorakel wird ein Apfel spiralförmig geschält und die lange Schale mit der rechten Hand über die selbstverständlich linke Schulter geworfen. Aus der Figur, die die Apfelschale bildet, versucht man, einen Buchstaben herauszulesen, mit diesem beginnt der Vorname des künftigen Bräutigams. Das Apfelorakel findet normalerweise in der Andreasnacht vom 29. auf den 30. November statt, auf gut heidnisch ist das ein sogenannter »Lostag«.

Vielleicht bedeuten die Äpfel in der Pyramide aber auch etwas ganz anderes. Das Paradeisl sieht aus wie das spektakuläre Atomium in Brüssel, nur ist es kein milliardenfach vergrößertes Eisenkristall wie dieses, sondern, als gleichseitiger Tetraeder mit vier Äpfeln als Eckpunkte und einer Nuss in der Mitte, das vergrößerte Modell eines Methan-Moleküls. CH^4 – Hier bindet ein Kohlenstoffatom vier Wasserstoffatome. Was soll aber Methan, dieses übelriechende und unappetitliche Gas bedeuten? Andersrum wird ein Weihnachtsstiefel draus: Es gibt zwei lateinische Ausdrücke für »Apfel«, nämlich »malus« (als Adjektiv auch mit der Bedeutung »schlecht, böse«) und »pomum«. »P« wiederum ist die Abkürzung für das chemische Element Phosphor. Wenn vier Phosphoratome gebunden sind, tun sie das in Form eines Tetraeders, und P^4 ist der sogenannte »weiße Phosphor«. Der ist hochentzündlich, ätzend giftig, eines der übelsten, ungesündesten und bösartigsten Stoffe in der ganzen Chemie.

Mit weißem Phosphor (griech. phōsphóros = licht-tragend) brennt das Höllenfeuer.

Weihnachtsfilme

Nach allem, was bisher über Weihnachten zusammengetragen worden ist, kann man festhalten, dass es kein geeigneteres Kunstgenre als den Film gibt, Weihnachten darzustellen. Die Wiederholung. Der Nebel. Die Täuschung. Die Beschränkung auf (sogar zweimal) 45 Minuten. Das Licht. Die Musik. Man muss sich eher wundern, dass es noch andere Filme als Weihnachtsfilme gibt. Hier eine kleine Auswahl an Letzteren.

1929 »Big Business«
(Deutsche Titel: »Das große Geschäft«, »Große Geschäfte«, »Vom Wahnsinn umzingelt«, und, warum auch immer: »Der geschändete Oberst«)
Stan Laurel und Oliver Hardy sind als Weihnachtsbaumverkäufer im sonnigen Kalifornien unterwegs. Die achtzehnminütige Zerstörungsorgie ist einer der letzten Stummfilme von Dick und Doof.

1946 »It's A Wonderful Life«
(»Ist das Leben nicht schön?«)
Der Schwarzweißfilm von Frank Capra mit dem Hollywoodstar James Stewart wurde 2002 auf Platz 8 der 100 besten Liebesfilme aller Zeiten gewählt.

Ausgerechnet am Weihnachtsabend verliert George Bailey den Lebensmut und will sich von der Brücke stürzen. Der Engel, der zu seiner Rettung geschickt wird, zeigt Bailey, wie die Stadt aussähe, wenn er nie gelebt hätte.

1956 »Back For Christmas«
(»Weihnachten wieder da«)
Alfred Hitchcocks TV-Krimi führt hinab in den Keller. Dort arbeitet John Williams an einem feuchten Grab für seine Frau. Doch die wird ihm nach dem Tod noch die Tour vermasseln. Hitchcock über Weihnachten: »Wenn ich beim Festschmaus in die Runde sehe, fallen mir die besten Morde ein.«

1959 »So weit die Füße tragen«
Der deutsche Fernsehfilm wurde 1959 als Fernsehmehrteiler gesendet, er war einer der ersten Straßenfeger. Ein deutscher Kriegsgefangener flieht nach dem Zweiten Weltkrieg 1949 aus einem ostsibirischen Gefangenenlager, tritt eine abenteuerliche Flucht nach Hause an, kommt am 22. Dezember 1952 wieder in der Heimat an. Der Film beginnt jedoch auch in der Weihnachtszeit: Acht Jahre zuvor, im Dezember 1944 wird Clemens Forell an die Ostfront abkommandiert. Er und seine Familie hoffen, das Weihnachtsfest wieder zusammen feiern zu können. Doch er wird von einem russischen Kriegsgericht zu

25 Jahren Zwangsarbeit verurteilt. Im ganzen Film erfährt man nicht, was genau Forell im Krieg angestellt hat. Der fliehende und überall durchschlüpfende Oberleutnant mit dem sprechenden Namen Forell ist ein Kind der Adenauerzeit, sein Lieblingsausruf lautet: »Nach Westen!«

1990 »Home Alone«
(»Kevin – Allein zu Haus«)
Der achtjährige Kevin wird von seiner Familie an Weihnachten in der Wohnung vergessen und muss das Haus gegen die beiden Gangster Marv und Harry (mit Nachnamen »Lime« – eine Anspielung auf den »Dritten Mann«) verteidigen. Auch sonst wimmelt es von Filmzitaten. Sowohl in »Kevin – Allein zu Haus« als auch in der Fortsetzung »Kevin – Allein in New York« sehen sich die übrigen Familienmitglieder in ihrem jeweiligen Urlaubsdomizil »Ist das Leben nicht schön?« im Fernsehen an, der Film läuft in Paris auf Französisch und in Miami (Teil 2) auf Spanisch.

1988 »Die Hard«
(»Stirb langsam«)
Die Handlung beginnt ebenfalls an Heiligabend, anlässlich einer Betriebsweihnachtsfeier im Firmenhochhaus. »Die hard« heißt wörtlich übersetzt »nicht totzukriegen«, was man von Bruce Willis und den vier Nachfolgefilmen ebenfalls sagen kann. Ein schö-

nes Bild: Im weihnachtlichen Los Angeles liegt naturgemäß kein Schnee. Zum Ende des Films jedoch rieselt eine Vielzahl von Wertpapieren wie Schnee vom Hochhaus herab.

2003 »Love Actually«
(»Tatsächlich … Liebe«)
Die Handlung beginnt fünf Wochen vor Weihnachten, die meisten der kunstvoll miteinander verwobenen Liebesepisoden enden pünktlich zum Fest, auf dem Flughafen London-Heathrow. Für Cineasten gibt es viele Filmzitate. Der All-Star-Film bietet Dutzende von Weltstars auf wie Hugh Grant, Colin Firth, Emma Thompson, Rowan Atkinson, Elisha Cuthbert, auch Heike Makatsch ist dabei. Man wundert sich ohnehin, dass nicht auch noch Woody Allen auftaucht, aber vielleicht tut er das ja. Der Film wurde ein Riesenerfolg und hatte richtig miese Kritiken: »Macht wenig Spaß« (Der Tagesspiegel), »Süßlicher Mist, klebriger Liebestaumel« (Frankfurter Rundschau), »Zynische Grundhaltung« (Lexikon des internationalen Films), »Schamlos kommerzielles Produkt« (film-dienst), »Liebloses Flickwerk« (Spiegel). Also nichts wie ausleihen und ansehen!

Die kleine Auswahl einiger abendfüllender cineastischer Behandlungen des Themas muss hier genügen. Den deutschen Leser braucht man wohl nicht eigens auf die Loriot-Fernseh-Folge Nr. 14 »Weihnachten bei Hoppenstedts« hinzuweisen, den britischen erst recht nicht auf Rowan Atkinsons »endgültige« Krippenszene in »Merry Christmas, Mr. Bean«. Mehr kann zum Thema Weihnachten nicht mehr gezeigt werden.

Und wie sieht es mit weihnachtlichen Horrorfilmen aus? Der Horror bleibt im Film oft aus, weil das Grauen zu deutlich gezeigt wird und dadurch lächerlich wird. Aber bei erzählten Geschichten …

☞

Die Todesfalle

Er war klein von Gestalt, seine Gesichtszüge waren eingefallen, die Kleidung schlotterte an seinem ausgehungerten Leib. Ängstlich sah er sich um. Er wagte es nicht, den Stall von Bethlehem zu betreten. Er wollte auch nicht gesehen werden. Deshalb hatte er sich hinter einem Bretterverschlag verborgen und zitterte vor Kälte und Angst. Stundenlang stand er jetzt schon regungslos da, und er spürte, dass sich dort drinnen etwas Furchtbares anbahnte. Die Nacht war von einer bleiernen, drückenden Schwärze, die Sorge, entdeckt zu werden, nahm ihm fast den Atem. Plötzlich hörte er Schritte. Ungleichmäßige Schritte, die näher kamen. Jemand schlich um den Stall herum. Ein heiseres, ungesundes Husten erklang, das aus tiefster, bösester Seele kam. Doch dann entfernten sich die Schritte wieder. Gott sei Dank. Ein Käuzchen schrie. Dann vernahm er ein Geräusch, das eindeutig aus dem Inneren des Stalls kam. Er spähte durch ein Astloch, panische Angst stieg in ihm auf. Dort drinnen war ein Licht entzündet worden, zwei Schatten bewegten sich langsam aufeinander zu, sie beugten sich über einen Gegenstand, den er nicht genau ausmachen konnte. Vielleicht war es eine Wanne, vielleicht ein Futtertrog, vielleicht ein Sarg. Die Gestalten flüsterten miteinander. Trotz des diffusen Lichts konnte er einen Mann und eine Frau erkennen. Der Mann trug einen groben, schmutzigen Leinenkittel, die Frau war in einen blauen, eleganten Mantel gehüllt. Sie gestikulierte wild, er trat mehrmals wütend gegen den Behälter. Der Streit zwischen beiden wurde lauter und lauter, doch dann brachen sie plötzlich ab, wandten sich um, schienen in seine Richtung zu starren. Er hörte den Schlag seines eigenen Herzens. Es pochte so laut, dass er befürchtete, es könnte ihn verraten. Eines war sicher: Er musste schnell hier weg. Vorsichtig drehte er sich zur Seite und suchte mit dem nackten Fuß nach einem sicheren Tritt. Doch schon nach dem zweiten Schritt tappte er auf etwas Weiches, Glibbriges. Eine heiße Woge von Ekel und Entsetzen durchschoss ihn. Drinnen im Stall flammte der Streit wieder auf, der Mann im Leinenkittel hielt die Fackel hoch, so dass sein böses, rohes Gesicht zu sehen war.

»Am besten, wir tun so, als ob hier drinnen ein Kind läge«, sagte die Frau in dem blauen Mantel.

Oben auf dem Dach krächzte ein Rabe. Im unruhigen Schein der Fackel war am Boden eine Schlange zu erkennen, die langsam durch das Heu glitt. Sie zischte leise.

»Mach schnell, die Ersten kommen schon«, fuhr die Frau hastig auf.

Jetzt verstand er. Das waren nichts anderes als Betrüger und Gauner, und zwar solche der alleruntersten Kategorie. Er wandte sich wieder um. Die schwarzen Wolken hatten sich aufgelöst, und der Mond beleuchtete in der Ferne drei Gestalten auf schwer beladenen Kamelen. Das waren wohl die ersten Opfer, die das Betrügerpaar angelockt hatte. Schließlich waren die Reiter vor der Tür angekommen. Sie stiegen bedächtig von ihren Tieren und luden die Kisten ab. Sie öffneten sie und griffen hinein. Von Ferne war leises Donnergrollen zu hören.

»Ich sehe Gold«, flüsterte der Mann in dem billigen Leinenkittel der Frau zu. »Sieh nur: Es sind Könige. Der Plan hat funktioniert.«

»Aber sie werden das Kind in der Krippe sehen wollen«, flüsterte die Frau. »Und sie werden sich nicht durch ein Stoffbündel täuschen lassen.«

»Da hast du recht. Wir brauchen ein lebendes, wimmerndes Wesen in der Krippe.«

Langes Schweigen. Knarzende Geräusche. Das Fauchen einer Katze. Die Schafherde draußen vor dem Stall wurde unruhig. Dann wieder Stille. Der kleine, dünne Mann, der sich in einer Nische der Bretterwand verborgen hatte, atmete auf. Hier konnte ihn niemand entdecken. Er war hier sicher. Unendlich langsam drehte er sich um. Doch ehe er begreifen konnte, was mit ihm geschah, spürte er den heftigen Schlag auf den Kopf, der ihn in ein tiefes Dunkel schickte. Als er wieder erwachte, war sein Mund mit einem Knebel verschlossen. Er lag auf dem Rücken, eine Decke war über seinen ganzen Körper gezogen. Und Heu war auf ihn gebreitet worden. Durch das alles hindurch konnte er schemenhaft die drei edlen Herren erkennen, die sich nun über den Futtertrog beugten.

»Ist da drunter das Kind? Geht es ihm gut? Könnt ihr es herausnehmen?«, riefen sie durcheinander.

»Das Kind schläft«, sagte die Frau. »Wir sollten es jetzt nicht wecken.«

Der Knebel in seinem Mund hinderte ihn am Schreien. Er rüttelte an seinen Fesseln.

»Es hat einen unruhigen Schlaf«, sagte die Frau. »Geht nun, edle Herren.«

Die Schritte der drei Männer entfernten sich wieder. Noch waren der Mann im Leinenkittel und die Frau im blauen Mantel mit dem Zählen der Goldstücke beschäftigt.

Der ausgemergelte Mann, der gefesselt und geknebelt in der Futterkrippe lag, ahnte, dass sie ihn nun nicht mehr brauchen würden. Doch plötzlich kam ihm eine Idee …

Ein Brief, unter der Tür durchgeschoben

Lieber Autor Jörg Maurer!
Liebe anderen irdischen, außersonnischen
Lebewesen!

Mit staunendem Interesse haben wir dieses Buch durchgelesen, es ist tatsächlich einiges drin, was wir noch nicht wussten. Die »Mettensau« etwa oder das »Paradeisl« haben sich bis nach Proxima Centauri noch nicht herumgesprochen. Auf jeden Fall war es sehr schön bei euch! Jammerschade, dass wir uns nicht mehr persönlich verabschieden konnten, wir mussten leider überstürzt aufbrechen – Termine, Termine. Das Weihnachtsbuch war für uns auch insofern interessant, weil wir das Ganze ja sozusagen initiiert haben. Vor über zweitausend Jahren sind wir schon mal bei euch vorbeigeflogen mit unserem glühenden Raumschiff, und es kann schon sein, dass man das für den Stern von Bethlehem gehalten hat. Wir haben uns damals sowieso gewundert, warum so viele Leute unserer Spur gefolgt sind. Jetzt wissen wir den Grund. Umso überraschender war es für uns, zu sehen, was draus geworden ist! Die »Weihnachtsgurke«, das »Scheißerle«, »Last Christmas«, wir wussten gar nicht, was wir da alles losgetreten haben! Das mit unserem Besuch vor 2000 Jahren, das brauchst du übrigens nicht unbedingt an die große Glocke zu hängen, das kann ja unter uns bleiben. Na dann, in zweitausend Jahren schauen wir ganz bestimmt wieder vorbei, bis dahin, mit vielen lieben Grüßen,

die Aliens

Der Dank

Ein kleiner, kalter Winterwind plustert sich auf, stemmt sich von außen an die Tür und pfeift säuselnd durch die Ritzen. Der Mesner sperrt die Kirchentür sorgsam zu, schlägt den Kragen hoch und stapft durch den Schnee nach Hause. Drinnen im Kirchenschiff senken sich schlagartig Dunkel und Kälte über die leeren Kirchenbänke. Eben ist hier noch die Christmette gehalten worden, eben noch haben mehrere hundert Gläubige den Abschlusschoral gesungen, jetzt ist alles still. Das Ewige Licht flackert unruhig und wirft langsam zuckende Schatten über die rauen Wände. Eine leichte Prise Weihrauch zieht durch den Mittelgang, wird schwächer und verebbt schließlich ganz. Durch die Glasfenster bohren sich Mondstrahlen und verlieren sich zuckend im Kirchenschiff. Auf einer Kirchenbank liegen vergessene Handschuhe, ineinander gekrallt, wie beim Gebet abgestreift. Die Uhr zeigt weit nach Mitternacht. Niemand ist mehr in der Kirche.

Wirklich niemand?

Die Tür zur Sakristei öffnet sich langsam und knarzend, dann tritt eine engelhafte Gestalt heraus, eher ein Windhauch als eine leibhaftige Erscheinung. Sie blickt umher und mustert die Wände der Kirche genau. Sie braucht kein Licht. Sie kennt hier jeden Winkel. An der gegenüberliegenden Wand hängt das Gemälde eines alten Meisters, darunter ist eine kunstvoll geschnitzte Krippe aufgebaut. Die Nummerntafel mit den heute gesungenen Weihnachtsliedern steht noch auf der Empore, auf dem Altar liegt ein dickes Messbuch, aufgeschlagen ist das Weihnachtsevangelium. Lukas, 2.1. »Es begab sich aber zu der Zeit, dass ein Gebot von dem Kaiser Augustus ausging ...«

»Ich weiß«, murmelt die engelhafte Gestalt lächelnd.

Dann nickt sie zufrieden. Auch das Deckengemälde, die Halbreliefs, die Altarverzierungen – das alles war ihr Werk. Gemalt, geformt, ersonnen, komponiert haben es allerdings andere. Botticelli. Kirchgeßner. Michelangelo. Bach. Lukas. Die mitternächtliche Besucherin hat lediglich die Anregungen gegeben. Sie war nur die Muse.

Ihr Name ist Natalia (Ναταλία), ihre Attribute sind ein kleines Tannenbäumchen und sieben Fäden Lametta, sie ist die Schutzgöttin der Weihnachtserzählungen, Weihnachtsgedichte, Weihnachtsfilme, Weihnachtsgemälde, Weihnachtslieder, Weihnachtsbräuche, Weihnachtsrezepte, Weihnachtsmärkte und Weihnachtsbücher. Sie ist die vierundzwanzigste

Muse. Natalia seufzt. Sie hat jetzt wieder Pause. Für ein ganzes Jahr.

»Ein kleines Wort des Dankes hätte mir genügt«, flüstert sie fast unhörbar.

Ich stehe daneben.

»Danke für alles«, sage ich.

»Ach, keine Ursache, gern geschehen«, gibt sie zurück. »Bedanke dich bei denen, die dir wirklich geholfen haben.«

Das tue ich hiermit. Noch zwei andere engelhafte Gestalten haben mich durch dieses Buch begleitet und viel dazu beigetragen, dass es kugelrund, marzipansüß und zimtduftend geraten ist. Es sind Cordelia Borchardt und Marion Schreiber. Ho! Ho! Ho!

Inhalt

Jörg Maurer
Bayern für die Hosentasche
Was Reiseführer verschweigen

Band 52101

Auch als Hörbuch, vom Autor selbst gelesen

Wussten Sie, dass die Alpen nur fünf Prozent des bayrischen
Staatsgebiets bilden? Dass Bierzelte und Jodelwettbewerbe
seltener sind, als man denkt? Dass Bayrisch sein bedeutet blau
sein, ohne zu trinken? Bestsellerautor Jörg Maurer erklärt seinen
Blick auf Bayern: originell, mit Witz und vielen erstaunlichen
Fakten über Land und Leute. Er führt an Orte, die keiner
kennt, und entdeckt Typisches, wo wenige es vermuten. Ein
Brevier für Genießer und Freunde des Unerwarteten.

»Der Autor trifft genau ins Schwarze.«
Süddeutsche Zeitung

Das gesamte Programm gibt es unter
www.fischerverlage.de

Jörg Maurers Alpenkrimis
im Hörbuch, von ihm selbst gelesen

Föhnlage
4 CDs

Hochsaison
4 CDs

Niedertracht
5 CDs

Oberwasser
5 CDs

Unterholz
6 CDs

Felsenfest
6 CDs

Der Tod greift nicht daneben
6 CDs

Schwindelfrei ist nur der Tod
6 CDs

Im Grab schaust du nach oben
6 CDs

»Große deutsche Unterhaltungsliteratur: endlich!«
Denis Scheck, SWR

Das gesamte Programm gibt es unter
www.fischerverlage.de

Jörg Maurer
Schwindelfrei ist nur der Tod
Alpenkrimi

Hoch über dem idyllisch gelegenen Kurort schwebt ein
wunderschöner Heißluftballon. Doch ganz plötzlich ist er
verschwunden. Vom Winde verweht? Abgestürzt? Oder
explodiert? Kommissar Jennerwein und sein Team ermitteln
auf windigen Gipfeln und bei aufgeblasenen Lokalpromi-
nenten. Doch Jennerwein wirkt bei der Spurensuche unkon-
zentriert, geradezu abgelenkt. Seit langem besucht er heim-
lich einen mysteriösen Unbekannten im Gefängnis. Was mag
der verbrochen haben? Und warum sucht Jennerwein den
Rat des Bestatterehepaars a. D. Grasegger? Da taucht der
Unbekannte auf einmal im Kurort auf, und Jennerweins
gesamte Existenz droht wie ein Ballon zu zerplatzen…

544 Seiten, broschiert

Weitere Informationen finden Sie auf
www.fischerverlage.de